Marion Lemper-Pychlau

Kinder brauchen Disziplin

HERDER spektrum

Band 5336

Das Buch

Kinder brauchen Disziplin. Zunächst einmal um ihrer selbst willen: Denn wenn sie gelernt haben, sich selbst einigermaßen „im Griff" zu haben, dann fallen ihnen Leistung und die damit verbundene Fähigkeit zu Ausdauer und sorgfältigem Arbeiten nicht schwer. Nur ist dies Kindern in einem Alltag, der vielfältige Ablenkungen bereit hält, nicht leicht zu vermitteln. Die Methoden der „schwarzen Pädagogik", mit der ganzen Generationen Disziplin eingebläut wurde, haben ausgedient. Disziplin ist aber nicht deswegen diskreditiert, weil die Mittel, sie durchzusetzen, untauglich und unangemessen waren. Lemper-Pychlau zeigt an vielen Beispielen, dass die Entwicklung zur Integrität, zu einem verantwortungsbewussten Leben, in dem man auch mit Frustrationen gut umgehen kann, für Kinder wichtig und lebbar ist. Denn sie erhalten so Orientierung in einer komplexen Welt, sie lernen Beziehungen einzugehen und Verantwortung zu übernehmen. Für Eltern heißt es, natürliche Autorität auszuüben und dazu zu stehen: auf Verwöhnung zu verzichten, aber auch auf Strafen und unangemessene Belohnungen. Der Lohn liegt letztlich im Erfolg: Kinder, die anderen gegenüber verlässlich sind, die ihre Hausaufgaben machen, sich auf Prüfungen vorbereiten können ..., sind auch erfolgreicher, müssen mit weniger Enttäuschungen zurechtkommen und können, falls sie mal von anderen enttäuscht werden, besser damit umgehen. Ein Buch, das Eltern zeigt, wie sie liebevoll Disziplin vermitteln können.

Die Autorin

Marion Lemper-Pychlau, Dipl. Psych., Familientrainerin, führt Seminare u.a. zu den Themen Emotionale Intelligenz und Kommunikation durch, sie arbeitet als Coach in eigener Praxis und ist Mutter von vier Kindern.

Marion Lemper-Pychlau

Kinder brauchen Disziplin

HERDER

FREIBURG · BASEL · WIEN

Für meine Eltern, die sich nie gescheut haben,
Disziplin von mir zu fordern

Gedruckt auf umweltfreundlichem, chlorfrei gebleichtem Papier

Originalausgabe

www.herder.de
Herstellung: fgb · freiburger graphische betriebe 2003
www.fgb.de
Umschlaggestaltung und Konzeption:
R·M·E München / Roland Eschlbeck, Liana Tuchel
Umschlagfoto: © zefa
ISBN 3-451-05336-5

Inhalt

Einige Beobachtungen und Überlegungen vorweg

Mit „Disziplin" verbinden die meisten von uns ambivalente Gefühle. Einerseits geht es nicht ohne Disziplin; das wissen zumindest all diejenigen unter uns, die großen Wert legen auf Fleiß, Verlässlichkeit, Verantwortungsbewusstsein und ähnliche Tugenden. Andererseits jedoch kann Disziplin sehr schwer fallen und mit unangenehmen Gefühlen verbunden sein; das merken wir spätestens dann, wenn wir unsere inneren Widerstände überwinden müssen, um uns der jeweils fälligen Steuererklärung zu widmen.

Bei der Erziehung unserer Kinder mag die eigene Ambivalenz zuweilen eine erschwerende Rolle spielen. So kann ich mich beispielsweise daran erinnern, wie Leid mir meine kleinen Mädchen taten, wenn ich sie im eisigen Winter morgens früh wecken und aus ihrem Bett scheuchen musste, damit sie pünktlich in die Schule kamen. Einerseits erkennen wir die Notwendigkeit, unsere Kinder zu diszipliniertem Verhalten zu erziehen, aber wir können ihnen gut nachfühlen, wie unangenehm Disziplin sich manchmal gestaltet, und da wir sie lieben, wollen wir ihnen Unangenehmes natürlich ersparen. Andererseits wollen wir aber mit unserer Erziehung selbstverständlich auch erreichen, dass sie lebenstüchtig werden. Und ganz bestimmt will niemand von uns egoistische kleine Monster erziehen, die nur nach dem Lustprinzip handeln und damit ihre Umwelt tyrannisieren.

Die Angelegenheit wird schließlich noch weiter verkompliziert durch die simple Tatsache, dass wir oft selbst eine gehörige Portion Disziplin benötigen, um unsere Kinder zur Disziplin zu erziehen. Denn wer von einem Kind ein bestimmtes Verhalten fordert, muss auf Widerstände gefasst sein. Diese zu überwinden kostet uns manchmal Zeit und

Kraft, macht also Disziplin notwendig. Wer von uns hätte schon seine Freude daran, sich beispielsweise mit einem pubertierenden Kind stundenlang um eine Sache auseinander zu setzen?! Wer von uns würde es genießen, hartnäckig bei einer Forderung zu bleiben und für eine Weile die täglichen Diskussionen darum in Kauf zu nehmen?!

Damit wir Eltern unsere Forderungen an die Kinder mit innerer Überzeugung stellen können, ist es möglicherweise hilfreich, erst einmal selbst Klarheit darüber zu gewinnen, was wir eigentlich tun, wenn wir sie zu diszipliniertem Verhalten erziehen. Worum genau geht es bei der Disziplin?

Disziplin ist ein auf Ordnung bedachtes Verhalten. Es geht dabei sowohl um die innere als auch um die äußere Ordnung. Die äußere Ordnung betrifft das geordnete Handeln; dazu gehören beispielsweise das Befolgen von Regeln, die Fähigkeit, sich in Gruppen einzufügen, das eigene Verhalten an ein Ziel anzupassen. Bei der inneren Ordnung geht es um das geordnete Denken und Fühlen; sie betrifft solche Fähigkeiten wie Wichtiges vom Unwichtigen zu unterscheiden, Verhaltenspläne für sich zu erstellen, sich zwischen verschiedenen Alternativen zu entscheiden, aber auch mit den eigenen Gefühlen zurechtzukommen. Innere und äußere Ordnung bedingen sich oft gegenseitig.

Die fünfjährige Tanja weiß nichts mit sich anzufangen. Sie hat ein Kinderzimmer voller Spielsachen, die alle ungeordnet herumliegen. Sie nimmt mal das eine Spielzeug, mal das andere in die Hand, legt es dann aber nach kurzer Zeit wieder lustlos zurück. Sie kann sich zu nichts entscheiden. Nachdem die Mutter jedoch mit ihr zusammen alle Dinge im Zimmer sorgfältig aufgeräumt hat, fällt es Tanja leichter, eine Entscheidung zu treffen. Sie holt sich die Kiste mit Lego-Steinen aus dem Regal und beschäftigt sich längere Zeit intensiv damit.

Die äußere Ordnung, also ein aufgeräumtes Zimmer, ein aufgeräumter Schreibtisch, klare Zeiteinteilung, berechenbare und immer wiederkehrende Vorgänge oder auch klar formulierte Regeln geben Kindern und Erwachsenen Halt und machen es ihnen leichter, eine innere Ordnung herzustellen, aufrechtzuerhalten und sich innerlich zu orientieren. Umgekehrt spiegelt sich natürlich auch die innere Ordnung im äußerlich sichtbaren Handeln. Wer über innere Ordnung verfügt, kann deshalb effektiver handeln.

Tanja ist hin- und hergerissen. Sie wurde von der Nachbarin und deren kleinen Tochter eingeladen, mit ins Schwimmbad zu gehen; sie hatte sich aber eigentlich vorgenommen, nach dem Kindergarten mit ihrem neuen Playmobilhaus zu spielen, das sie erst gestern zum Geburtstag bekam. Beide sind für Tanja sehr reizvolle Alternativen. Sie überlegt eine Weile und entscheidet sich dann, ins Schwimmbad mitzugehen und das Spielen mit dem neuen Playmobilhaus zu verschieben. Denn das Playmobilhaus steht ihr jeden Tag zur Verfügung, wohingegen sie nur selten ins Schwimmbad eingeladen wird. Indem sie diese Ordnung in ihre Gedanken bringt, wird es ihr möglich, effektiv und zielgerichtet zu handeln und damit für eine optimale Bedürfnisbefriedigung zu sorgen. So kann sie schließlich beides genießen: das Schwimmbad und das neue Spielzeug. Das wird ihr aber nur deshalb möglich, weil sie klar denkt und die Fähigkeit besitzt, den Impuls, sofort mit ihrem neuen Playmobilhaus zu spielen, zu unterdrücken. Sie schafft also Ordnung in ihren Gedanken und Bedürfnissen.

Disziplin ist ein notwendiges Werkzeug, wenn wir etwas erreichen wollen. Das gilt ganz besonders im Hinblick auf längerfristige Ziele. Darum gehört es natürlich zu unseren Aufgaben, Kindern dieses Werkzeug nahe zu bringen. Es gibt Stimmen, die behaupten, wir würden das heutzutage nur noch in unzureichendem Maße leisten, und unsere Kinder wären trotz Überversorgung mit materiellen Gütern im Grunde verwahrlost. Die Pisa-Studie schien ihnen ansatzweise Recht zu geben, und auch ich bin an manchen Tagen geneigt zu glauben, dass unsere Kinder zu wenig Disziplin lernen.

Es ist Mittagszeit und ich bin mit meinen vollen Einkaufstaschen auf dem Weg zu meinem Auto. Als ich an einer Bushaltestelle vorbeigehen will, ist mir der Weg versperrt durch all die Schüler, die dort auf ihren Bus warten. Sie stehen in Trau-

ben beieinander, haben ihre Schulranzen mitten in den Weg gestellt, so dass ich fast zu einem Hindernislauf gezwungen bin. Andere haben ihre Schulranzen noch auf dem Rücken geschnallt und rempeln jeden in ihrer Nähe rücksichtslos damit an. Sie sprechen nicht miteinander, sondern sie brüllen sich gegenseitig Bemerkungen zu. Keiner nimmt von mir oder von anderen Passanten Notiz und macht den Weg frei. Ich schmettere ihnen ein „Kann ich bitte mal vorbei?!" entgegen, worauf mir ein paar von ihnen zögerlich ein wenig Platz machen. Ich sehe, dass der Boden übersät ist mit Abfällen; es liegen allerlei Papiere herum, Kaugummis kleben auf dem Gehweg, und ich finde zwei leere Dosen. Auf dem Heimweg bin ich dann gezwungen, scharf zu bremsen, weil einige Schüler unmittelbar vor mir auf die Fahrbahn treten. An dieser Stelle ist der Verkehr zwar durch eine funktionierende Ampelanlage geregelt und die Schüler haben nun eindeutig gerade Rot, aber sie scheren sich nicht darum. Und als mir schließlich beim Mittagessen eine meiner Töchter davon erzählt, dass kaum jemand in ihrer Klasse noch regelmäßig seine Hausaufgaben machen würde, da bin ich tatsächlich geneigt anzunehmen, dass im Hinblick auf die Disziplin unserer Kinder einiges im Argen liegt.

Natürlich lassen sich auch gegenteilige Beobachtungen machen, und wir werden unseren Kindern und Jugendlichen sicher nicht gerecht, wenn wir unsere Aufmerksamkeit einseitig auf Dinge lenken, wie ich sie gerade geschildert habe. Immerhin hat beispielsweise die letzte Shell-Studie erbracht, dass Fleiß und Ehrgeiz von den jungen Leuten heute wieder deutlich positiver bewertet werden als in der Vergangenheit.

Dennoch bin ich der Überzeugung, es wäre notwendig, mal wieder etwas eingehender über Disziplin nachzudenken und zu überlegen, welche Rolle sie bei der Erziehung unserer Kinder spielen sollte. Publikationen wie die von Petra Gerster oder Susanne Gaschke haben dazu beigetragen, eine Diskussion zu entfachen, in deren Verlauf der Schwarze Peter hin- und hergeschoben wird. Den Eltern wird vorgeworfen, sie seien erziehungsmüde und würden sich vor der Verantwortung drücken; die Eltern ihrerseits werfen dem Staat vor, er würde sie bei ihrer Erziehungsarbeit nur unzureichend unterstützen, indem er beispielsweise immer noch keine ausreichenden Betreuungsangebote zur Verfügung stellt. Es ist nicht mein Ziel, im Hinblick auf diese Schuldfrage Stellung zu beziehen, noch möchte ich mich an der Diskussion darüber beteiligen. Mir scheint dabei nur eines sicher zu sein: Unsere Art zu leben hat sich in den vergangenen Jahrzehnten ohne Zweifel sehr geändert. Damit stellen sich auch für die Erziehung unserer Kinder neue Fragen, und sie machen Erziehung sowohl für die Eltern als auch für den Staat schwieriger.

Ich glaube nicht, dass die Eltern heute bei der Erziehung ihrer Kinder unmotivierter oder unfähiger sind als frühere Generationen vor ihnen. Natürlich gibt es keine Alternative zur häuslichen Erziehung, und die Eltern wissen das. Sie lieben ihre Kinder genauso innig, wie auch andere Elterngenerationen das vor ihnen getan haben. Sie wollen sich auch keineswegs vor ihrer Erziehungsarbeit drücken. Das Problem besteht vielmehr darin, dass es an Orientierung fehlt. Die antiautoritäre Erziehung hat nicht gehalten, was sie zu versprechen schien. Zum Konzept autoritärer Elternschaft können wir ebenfalls nicht mehr zurück, es passt nun mal nicht in unsere Zeit und unsere Mentalität. Eltern sind verunsichert, wie sie mit ihren Kindern umgehen sollen. So besteht beispielsweise eine weit verbreitete Angst, das eigene Kind zu überfordern. Vieles gilt heute als Stress, was nicht gleich unter „fun" eingeordnet werden kann. Es gibt mit Sicherheit Gründe für die Prägung des Begriffs „Fun-Gesellschaft". Aus lauter Angst, die Kinder zu überfordern, fordert man in vielen Fällen vorsichtshalber lieber gar nichts von ihnen oder aber man unterfordert sie. Ich glaube, die Tatenlosigkeit vieler Eltern lässt sich interpretieren als Ergebnis ihrer Ratlosigkeit und ihrer Befürchtung, sie könnten ihren Kindern schaden, wenn sie bestimmte Dinge von ihnen verlangen. Schließlich wissen wir und haben es vielleicht sogar am eigenen Leib erfahren, dass Disziplin einen Menschen unfrei machen kann. Aber ich meine, auch in einer freiheitlich demokratischen Gesellschaft wie der unseren kann die Familie keine demokratische Organisationseinheit und Erziehung kein demokratischer Vorgang sein. Denn Demokratie setzt Mündigkeit voraus, und genau daran mangelt es ja noch bei den Kindern. Trotzdem ist das Erziehungsziel natürlich Freiheit und mündige Bürgerschaft.

Leider gibt es kein Modell, an dem wir uns in der heutigen gesellschaftlichen und kulturellen Situation orientieren könnten. Die Art und Weise nachzuahmen, wie wir selbst oder wie unsere Eltern erzogen wurden, würde den veränderten Umständen nicht gerecht. Da die Welt für unsere Kinder anders aussieht als für irgend jemanden vor ihnen, müssen wir eben auch neu nachdenken über eine sinnvolle Erziehung. Dazu möchte ich mit diesem Buch einen Beitrag leisten.

Mein Ziel ist es zum einen, die Tugend „Disziplin" genauer unter die Lupe zu nehmen, damit Sie einen festeren Stand gewinnen und in Zukunft bewusster und mit größerer innerer Sicherheit und Überzeugung diszipliniertes Verhalten fordern können. Mit diesem Ziel beschäftigen sich die folgenden Kapitel 1 bis einschließlich 5. Darin geht es um das Was und das Warum. Es werden darin u. a. Fragen behandelt wie „Was für einen Stellenwert hat Disziplin überhaupt in einer zeitgemäßen Erziehung?" oder „Welche Art von Disziplin brauchen unsere Kinder?". Und zum zweiten geht es mir darum, Ihnen praktische Hilfen an die Hand zu geben, damit Sie erfolgreich zu diszipliniertem Verhalten erziehen können. Die Kapitel 6 und 7 beschäftigen sich deshalb ausführlich mit der Frage nach dem Wie. Im letzten Kapitel schließlich geht es mir um die Ausgeglichenheit von Disziplin und Lustprinzip („fun"). Denn jede Tugend, auch die Disziplin, gerät zur Untugend, wenn sie einseitig gelebt wird. Übertriebene Disziplin führt zu Zwanghaftigkeit; aber ein zu großer Mangel an Disziplin führt zum Chaos, sowohl im privaten als auch im öffentlichen Leben. Mit diesem Buch möchte ich der altmodischen und etwas verstaubten Tugend „Disziplin" zu ihrem Recht verhelfen. Dies geschieht nicht etwa aus moralischen Gründen und ganz gewiss nicht mit erhobenem Zeigefinger, sondern ganz einfach deshalb, weil Disziplin nützlich ist. Weder wir selbst noch unsere Kinder können darauf verzichten.

Über Wesen und Wert der Disziplin

1. Wo kommt der Mangel an Disziplin her?

Wenn Kinder sich undiszipliniert verhalten, dann hat das in vielen Fällen mehr als einen Grund. Es wäre naiv und in vielen Fällen auch sehr ungerecht, würde man Einzelfaktoren dafür verantwortlich machen, wie beispielsweise die Berufstätigkeit der Mutter, die sich nicht mehr um ihr Kind kümmert, weil sie angeblich lieber Geld verdienen geht. Unbestreitbar ist jedoch die Tatsache, dass Eltern ihrer Erziehungsaufgabe oft nur unzureichend nachkommen. Unter dem Motto „du bist ja schon alt genug" lassen sie die Zügel einfach los und ziehen sich aus der Erziehung ihrer Kinder weitgehend zurück. Im Folgenden sollen einige der für unsere Zeit typischen Gründe untersucht werden, die zur Disziplinlosigkeit der heutigen Kinder und Jugendlichen beitragen.

Was ist richtig oder falsch? Das Problem der Zieldefinition

Erwachsene, die Kindern diszipliniertes Verhalten abverlangen, haben dafür in der Regel einen guten Grund. Disziplin dient dazu, bestimmte Ziele zu erreichen. Wenn Sie von Ihrem Kind verlangen, in der Schule fleißig mitzuarbeiten, dann wollen Sie, dass Ihr Kind beruflich erfolgreich wird und ein gutes Leben führt. Wenn Sie ihm zu viele Süßigkeiten verbieten und es auffordern, Obst und Gemüse zu essen, dann wollen Sie, dass es gesund bleibt. Erfolg und Gesundheit sind sicher Ziele, die wir alle bei der Erziehung unserer Kinder teilen. Im Einzelfall kann es aber für Eltern sehr schwierig sein, das Ziel festzulegen und klare Verhaltenserwartungen zu formulieren.

Die neunjährige Annika ist am Nachmittag zur Geburtstagsfeier ihrer Klassenkameradin eingeladen. Als sie am Mittag aus der Schule kommt, wird sie von der Mutter gefragt, ob sie Hausaufgaben zu machen habe. Annika bejaht. Die Mutter ermahnt sie, ihre Arbeit gleich nach dem Essen zu erledigen, da sie ja anschließend zu der Geburtstagsfeier gehen und danach müde sein werde. Nach dem Mittagessen spielt Annika in ihrem Zimmer mit ihrem Gameboy und probiert an ihrer Barbie verschiedene Frisuren aus. Als es schließlich Zeit für die Geburtstagsparty ist, hat sie mit den Hausaufgaben nicht einmal angefangen.

Der zwölfjährige Ben arbeitet mit Feuereifer und großer Begeisterung bei den Pfadfindern mit. Seine Gruppe hat gerade ein neues Projekt begonnen, bei dem es darum geht, Menschen in Altenheimen zu besuchen und ihnen vorzulesen. Er hat sich von seinem Gruppenleiter für Dienstag Nachmittag 16 Uhr einteilen lassen. Genau zu diesem Zeitpunkt hat seine Mutter aber einen Termin bei seiner Krankengymnastin für ihn vereinbart. Ben hat sie nicht über sein Vorhaben informiert. Er hasst Krankengymnastik und will am Dienstag auf jeden Fall bei den Pfadfindern mitmachen, statt seinen Termin bei der Krankengymnastin wahrzunehmen.

Diese Beispiele verdeutlichen, wie schwierig es für Erwachsene im Alltag oft wird, die „richtige" Entscheidung zu treffen. Soll Annikas Mutter sie zu der Feier gehen lassen oder darauf bestehen, dass Annika erst ihre Aufgaben erledigt? Welchen Termin soll Bens Mutter streichen: den bei den Pfadfindern oder den bei der Krankengymnastin? Wir erleben heute häufig das Fehlen von Gewissheiten und Grenzen; deshalb mangelt es uns für unsere Entscheidungen an klaren Richtlinien, die es uns ermöglichen würden, Situationen schnell und sicher zu gestalten.

Im ersten Beispiel mag der Fall noch verhältnismäßig einfach liegen: Dort gilt es zu entscheiden zwischen Pflicht und Vergnügen. Im wilhelminischen Deutschland wäre diese Entscheidung ganz selbstverständlich zugunsten der Pflicht ausgefallen. Auch heute noch stellen viele Erwachsene die

Pflicht über das Vergnügen. Die Mutter könnte also sagen: „Du hast gewusst, dass du deine Hausaufgaben erledigen sollst, bevor du zur Geburtstagsfeier gehst. Du kümmerst dich jetzt bitte erst um deine Arbeit, und dann kannst du mit den anderen Kindern Geburtstag feiern." Dieses Vorgehen würde nicht nur mit hoher Wahrscheinlichkeit auf Widerstand stoßen. Vielmehr lässt es sich nach heutigen Maßstäben auch hinterfragen: Denn ist es nicht sehr wichtig, dass Kinder sozial eingebunden sind? Wenn Annika zu spät zur Geburtstagsfeier ihrer Freundin erscheint, wird sie möglicherweise an diesem Nachmittag eine Außenseiterposition haben. Und bestraft die Mutter, indem sie Annika nicht pünktlich gehen lässt, nicht auch die anderen Kinder, zumindest aber das Geburtstagskind, das sich ja auf Annikas Kommen freut? Und noch eine andere Frage stellt sich: Warum hat Annika ihre Aufgaben nicht erledigt, obwohl die Mutter eine entsprechende Forderung formuliert hatte? Fühlt sich Annika mit diesem Nachmittagsprogramm vielleicht überfordert? Möglicherweise braucht sie eine längere Auszeit nach der Schule. Oder hat sie Gründe, nicht zur Geburtstagsfeier zu gehen, die sie nicht benennen kann oder will, und deretwegen sie nun eine Verspätung „inszeniert"?

Jedem Erwachsenen, der seine Erziehungsaufgabe ernst nimmt, müssen sich angesichts einer derartigen Situation zwangsläufig solche und ähnliche Fragen stellen. Und Eltern machen sich heutzutage viele Gedanken. Wer eine Situation wie die geschilderte differenziert betrachtet, kann eben nicht auf die Schnelle entscheiden: „So und nicht anders!" Wenn wir Erwachsenen jedoch keine Entscheidungen treffen, tun es die Kinder. Und wir können leider nicht davon ausgehen, dass diese Entscheidungen immer zu ihrem eigenen Besten ausfallen.

Noch schwieriger als in Annikas Fall dürfte der Mutter im zweiten Beispiel die Entscheidung fallen: Soll sie darauf beharren, dass ihr Sohn seinen Termin bei der Krankengymnastin einhält? Das ist deswegen so schwer zu entscheiden, weil hier zwei Werte aufeinander prallen, die uns beide gleichermaßen wichtig sind: Gesundheitsbewusstsein auf der einen und soziales Engagement auf der anderen Seite. Beides sind Werte, die wir unseren Kindern gern vermitteln möchten. Das macht es so schwer, in dieser Situation eine Antwort zu finden. Ben möchte sich um den Termin bei seiner Krankengymnastin herummogeln. Das kann die Mutter natürlich nicht zulassen. Auf der anderen Seite ist sein soziales Engagement aber durchaus wünschenswert und verdient Unterstützung. Was also ist zu tun?

Wenn wir versuchen, Fragen wie diese zum Besten unserer Kinder zu beantworten, machen uns vor allem folgende beiden Faktoren zu schaffen:

a) die Angst, etwas falsch zu machen:
Entscheidungen, wie sie in den genannten Beispielen anstehen, fallen vor allem solchen Eltern schwer, die sich viele Gedanken machen und bemüht sind, Fehler in der Erziehung ihrer Kinder zu vermeiden. Aber was wäre denn überhaupt ein Fehler? In den meisten Fällen kann das niemand klar sagen. Denn alles hat seine zwei Seiten, und nichts ist rundherum gut oder schlecht, absolut richtig oder vollkommen falsch. Es gibt keine perfekten Entscheidungen. Wir müssen uns letztendlich damit abfinden, dass die Dinge nun mal nicht eindeutig sind.

Sie haben sich dazu entschieden, Kinder zu bekommen? Wunderbar, aber vermissen Sie nicht zuweilen Ihre alte Unbeschwertheit? Ist das Leben nicht um vieles mühsamer geworden? Leidet nicht manchmal Ihre Partnerschaft unter den Kindern? Sie haben einen Job, der sie zufrieden stellt? Schön für Sie, aber sind Sie sicher, dass es nicht auch andere Jobs gibt, mit denen Sie vielleicht noch viel glücklicher wären? Woher wissen Sie denn so genau, dass Ihre bisherigen Entscheidungen „richtig“ waren?

Eltern haben heutzutage so viel Angst, etwas falsch zu machen, dass sie dadurch nicht selten handlungsunfähig werden. Sie wagen es nicht, unter allen möglichen Alternativen eine auszuwählen und sie dann ihrem Kind zuzumuten. Diese

Angst ist jedoch nicht nur schädlich für alle Beteiligten, sondern auch unbegründet. Denn es gibt wohl kaum eine Entscheidung, die nicht auch Wünschenswertes und Positives zur Folge hat. Soll Ihr Kind ein Musikinstrument erlernen oder lieber eine Sportart ausüben? Oder vielleicht beides? Und was soll es sein: Geige, Gitarre oder Klavier? Mannschaftssport oder eher eine Individualsportart? Hier gibt es nicht „die" richtige Entscheidung; auch wenn Sie etwas wählen würden, das Ihrem Kind nicht liegt, hätten Sie ihm möglicherweise damit zu wichtigen Erfahrungen verholfen.

Der amerikanische Psychologe Sheldon B. Kopp hat geschrieben: „Wir müssen in der Unsicherheit teilweiser Fehler, teilweiser Macht und teilweisen Wissens leben. Alle wichtigen Entscheidungen müssen auf der Basis unzureichender Daten gefällt werden. Und doch sind wir verantwortlich für alles, was wir tun." Das gehört zum Leben und gilt selbstverständlich auch für die Erziehung unserer Kinder.

b) der Mangel an eigener Orientierung:
Kindererziehung gestaltet sich heutzutage nicht zuletzt deshalb so schwierig, weil wir viele Entscheidungen nun selbst treffen müssen, die früher vorgegeben wurden. Unsere Traditionen haben lange Zeit das Leben der Familien bestimmt. Auch Staat und Kirche gefielen sich über Jahrhunderte darin, in das Leben der Menschen einzugreifen und ihnen Entscheidungen vorzugeben, die wir mittlerweile als Teil unserer Persönlichkeitsrechte betrachten. So durften Eltern lange Zeit nicht über die Konfession ihrer Kinder bestimmen (und auch nicht über die eigene). Auch gab es noch im ausgehenden Mittelalter in vielen deutschen Städten offizielle obrigkeitliche Spielgesetze: Toben war streng verboten, Kinder durften sich nur „braven" Spielen hingeben (Windrädchen, Kreisel usw.). Kinder, die sich der Disziplinlosigkeit schuldig machten und gegen diese Gebote verstießen, wurden mit Gätterei bestraft: Man schleuderte sie in einer hölzernen Drehmaschine herum. Spielgesetze existierten bis in die Neuzeit hinein. Durch diese und viele andere offizielle Vorgaben von

Kirche und Obrigkeit war den Eltern so manche Entscheidung abgenommen.

Heute hingegen sind unsere Spielräume so groß wie wohl nie zuvor in der Geschichte der Menschheit. Das ist ein Segen, weil wir damit die denkbar beste Chance auf ein erfülltes Leben haben. Wir erhalten die Möglichkeit, uns selbst zu verwirklichen und das zu leben, was in uns steckt. Die Menschen werden sich nicht mehr selbst entfremdet, indem von ihnen die bedingungslose Anpassung an starre Regeln gefordert wird. Wir dürfen heute unser Leben weitgehend nach eigenen Vorstellungen gestalten und sind frei, selbst Regie darin zu führen. Das kann lustvoll sein, aber auch eine Last. Denn wir sind jetzt gezwungen, zwischen vielen möglichen Alternativen zu wählen. Aber sich im Dschungel der Möglichkeiten zurecht zu finden, ist alles andere als einfach. In welche Schule soll Ihr Kind gehen? In eine staatliche Schule, Waldorfschule, Montessorischule, Internationale Schule? Es gibt niemanden, der Ihnen sagen könnte, welche davon für Ihr Kind die beste ist. Es gibt keine wissenschaftliche Studie, die Ihnen klar und eindeutig Auskunft darüber geben könnte, welche dieser Schulen im objektiven Vergleich den anderen überlegen wäre. Und dennoch sind Sie gezwungen, sich zu entscheiden. Woran wollen Sie sich bei dieser Entscheidung orientieren?

Wenn wir uns nun vor Augen führen, wie viele große und kleine Entscheidungen die Erziehung unserer Kinder Tag für Tag erfordert, ist es nicht verwunderlich, dass manche Eltern zuweilen die Waffen strecken und den Dingen einfach ihren Lauf lassen. Wenn den Kindern aber keine klaren Vorgaben gemacht werden, lernen sie natürlich auch keine Disziplin. So tragen die Angst der Eltern, Fehler zu machen und ihre Überforderung angesichts einer unübersehbaren Vielfalt an Handlungsalternativen dazu bei, dass viele Kinder nicht in ausreichendem Maße lernen, ihr Verhalten zu kontrollieren und in den Dienst eines Zieles zu stellen. Welcher dieser beiden Faktoren den Ausschlag gibt, spielt für das Ergebnis keine Rolle: Eltern werden jedenfalls manövrierunfähig, wenn sie nicht imstande sind, Entscheidungen zu treffen. Sie können ihrer Erziehungsaufgabe nicht nachkommen, wenn sie den Kindern nicht mit innerer Überzeugung klar und konsequent gegenüber treten. Wer sich nicht in der Lage sieht, eine Alternative unter allen möglichen auszuwählen, überlässt damit den Kindern das Entscheiden. Und das ist aus mehreren Gründen schlecht für sie:

- Kinder werden nämlich sehr oft nach dem Prinzip von Lust und Unlust entscheiden und keineswegs automatisch zu ihrem eigenen Besten. Wenn Sie beispielsweise den Fernsehkonsum Ihres Kindes nicht überwachen, werden Sie mit Sicherheit erleben, dass es sich Filme anschaut, mit denen es emotional überfordert ist.

- Erwachsene, die keine Entscheidungen treffen, geben Kindern keine Orientierung. Ein solches Kind wird sich zwangsläufig verloren fühlen in dieser Welt. Denn Kinder brauchen Halt und Anleitung für ihr Verhalten. Wenn Erwachsene schon mit der in unserer Gesellschaft bestehenden Vielfalt überfordert sind – wie schwierig muss es dann erst für ein Kind sein, sich darin zurechtzufinden! Wenn wir Kindern Richtlinien für ihr Verhalten vorgeben, helfen wir ihnen damit, die Welt überschaubarer zu machen und Identität zu finden.

- Disziplinlose Kinder sind erfolglose Kinder. Hingegen haben Kinder, die man zu bestimmten Verhaltensweisen anleitet, mit höherer Wahrscheinlichkeit Erfolgserlebnisse. Wenn Sie beispielsweise darauf bestehen, dass Ihr Kind trotz eines entmutigenden Misserfolges nicht aufgibt, wenn Sie Selbstdisziplin von ihm verlangen und dass es sich auch weiterhin anstrengt, wird es mit höherer Wahrscheinlichkeit schließlich doch noch Erfolg haben. So lernen Kinder nicht nur, die eigenen Kräfte zu bündeln, sondern sie lernen auch, an sich selbst zu glauben.

Es lohnt sich nicht nur, es ist sogar unbedingt erforderlich, dass wir Erwachsenen Ziele definieren, Entscheidungen treffen und auf dieser Grundlage den Kindern bestimmte Verhaltensweisen abverlangen; wir brauchen dafür innere Klarheit und Mut zur Entscheidung.

Was könnte das für die Erwachsenen in den obigen Beispielen bedeuten? Wie sollen sie sich entscheiden?

Die Mutter der neunjährigen Annika hat viele Möglichkeiten:

- *Sie kann Annika zur Geburtstagsfeier gehen lassen, ohne viele Worte zu verlieren, und ihr am Abend, wenn sie müde ist, bei den Hausaufgaben etwas helfen.*
- *Sie kann Annika zu Hause behalten, bis die Aufgaben erledigt sind.*
- *Sie kann mit Annika darüber sprechen, warum diese lieber gespielt hat, statt ihre Aufgaben zu machen.*
- *Sie kann die Lehrerin bitten, an Tagen, wo viele der Klassenkameraden einen Geburtstag feiern, weniger Hausaufgaben aufzugeben.*
- *Sie kann Annika eine Entschuldigung schreiben und sie am nächsten Tag ohne Hausaufgaben in die Schule schicken.*
- *Sie kann versuchen, neue Rituale für die Hausaufgaben einzuführen, damit es Annika in Zukunft leichter fällt, an ihre Hausaufgaben zu gehen.*

Sie hat darüber hinaus noch eine Vielzahl weiterer Möglichkeiten, die alle abhängig sind von ihrer persönlichen Wahrnehmung der Situation, ihren Erfahrungen, ihren Werten und nicht zuletzt von ihrer Kreativität.

Auch im Fall des zwölfjährigen Ben gäbe es eine Reihe von Handlungsalternativen:

- *Die Mutter kann ihn ohne Wenn und Aber zur Krankengymnastik schicken.*
- *Sie kann ihn aber auch ins Altenheim gehen lassen und den Termin bei der Krankengymnastin verschieben.*

- *Sie kann mit ihm überlegen, ob es nicht doch möglich ist, beide Termine an diesem Nachmittag wahrzunehmen, indem er vielleicht mit einem anderen Pfadfinder den Termin tauscht.*
- *Sie kann ihn in dieser Situation selbst entscheiden lassen, ihm aber einen Kalender kaufen, in den sie in Zukunft alle Termine rot einträgt, die er ihrer Meinung nach wahrnehmen muss, und wo sie ihm keinen Verhandlungsspielraum lässt.*
- *Sie kann mit dem Gruppenleiter sprechen, damit er die Eltern in Zukunft über alle Termine frühzeitig schriftlich informiert.*
- *Sie kann mit ihrem Sohn vereinbaren, dass sie in Zukunft nur noch solche Termine berücksichtigt, die er ihr mindestens drei Tage vorher angekündigt hat.*

Und sie hat darüber hinaus so viele andere Möglichkeiten, wie ihr einfallen.

Worauf es in solchen Situationen vor allem ankommt, ist nicht so sehr, *wie* Sie sich entscheiden, sondern *dass* Sie sich entscheiden, klar und eindeutig, und diese Entscheidung mit Überzeugung gegenüber dem Kind vertreten können. Und seien Sie davon überzeugt: Wie auch immer Sie sich entscheiden, die Entscheidung wird auf jeden Fall ihre Schattenseite haben, aber auch ihre Vorteile. Alle oben genannten Entscheidungsmöglichkeiten wären „richtig", es kommt dabei lediglich auf Ihre Ziele an. Die einzig falsche Entscheidung, die Sie treffen könnten, wäre, nichts zu entscheiden. Denn damit würden Sie vor Ihrer Erziehungsaufgabe kapitulieren.

Das Problem mit der Zeit

Zeit ist inzwischen zu einem überaus kostbaren Gut geworden. Sie scheint ständig knapp zu sein, und wenn jemand heutzutage sagt „Dafür habe ich keine Zeit", wundert sich niemand darüber. Eltern sind vielfach so beschäftigt, dass sie immer wieder von Fachleuten öffentlich ermahnt werden, mehr Zeit mit ihren Kindern zu verbringen. Mehr gemeinsam verbrachte Zeit ist angeblich auch das, was Kinder sich besonders inständig von den Eltern wünschen. Sicher gibt es keine klaren Richtlinien für die Frage, wie viele Stunden am Tag Eltern für ihre Kinder zur Verfügung stehen sollten. Und letztendlich kommt es vielleicht auch gar nicht mal so sehr darauf an, wie lange Eltern täglich physisch anwesend sind; die Frage, wie Eltern diese Zeit gestalten, dürfte eine erheblich größere Relevanz besitzen.

Aber eines ist sicher: Eltern, die keine Zeit für ihre Kinder haben, nehmen ihre Erziehungsaufgabe nicht wahr. Und wenn Eltern nicht ein Minimum an Zeit für die Erziehung aufwenden, werden sie ihre Kinder auch keine Disziplin lehren können.

Es ist Samstag Vormittag. Während die Mutter ein paar dringende Einkäufe erledigt, bleibt der Vater mit der fünf Jahre alten Melanie zu Hause und arbeitet eine Liste von verschiedenen Aufgaben ab: Er muss ein paar Rechnungen bezahlen, nach der defekten Spülmaschine sehen und an seinem Wagen die Reifen wechseln. Er muss sich beeilen, denn er will damit bis zum Mittagessen fertig sein, da die Familie zum Essen bei Freunden eingeladen ist. Melanie hat heute lange geschlafen. Als sie aufwacht, hat sie Hunger, läuft in die Küche und will sich ein Stück Kuchen nehmen, das vom Vortag übrig geblieben ist. Der Vater, der gerade die Spülmaschine repariert, sieht, wie sie nach dem Kuchenstück greifen will, und verbietet ihr den Kuchen. Sie soll Brot oder Müsli zum Frühstück essen. Auch eine Banane kann er ihr anbieten. Aber Melanie mault nur und geht in ihr Zimmer zurück. Kurz darauf klingelt es an der Tür. Der Postbote bringt ein Paket, für das Nachnahme zu bezahlen ist. Während der Vater nach seinem Geld kramt und den Empfang des Pakets quittiert, läuft Melanie schnell in die Küche, schnappt sich das Stück Kuchen und rennt zurück in ihr Zimmer. Der Vater sieht gerade noch aus den Augenwinkeln, wie sie mit dem Kuchen in der Hand in ihrem Zimmer verschwindet und ruft ihr hinterher: „He, so geht das aber nicht! Du sollst doch keinen Kuchen zum Frühstück essen!" Dann wendet er sich erneut der defekten Spülmaschine zu. Als Melanie einige Zeit später wieder auf der Bildfläche erscheint, fragt der Vater: „Na, hat's dir geschmeckt, du kleine diebische Elster? Hast du dir wenigstens die Zähne geputzt danach?" Melanie nickt nur, sieht ihrem Vater eine Weile bei der Arbeit zu und geht dann wieder. Tatsächlich hat sie sich die Zähne nicht geputzt. Mit ihrem Nicken wollte sie nur zum Ausdruck bringen, dass ihr der Kuchen geschmeckt hat. Zum Zähneputzen hat sie keine Lust.

Dieses Beispiel wirkt ganz undramatisch. Es gibt hier keinen Streit, es fließen keine Tränen, alle Beteiligten scheinen sich wohl zu fühlen. Es geht nur um ein Stück Kuchen zum Frühstück. Scheinbar. Und doch entbehrt das Geschehen nicht einer gewissen Brisanz, denn hier hat ein Kind bedeutsame Lektionen erteilt bekommen.

Melanie hat an diesem Morgen Folgendes gelernt:

1. *Ich soll zum Frühstück keinen Kuchen essen, das will der Vater nicht.*
2. *Wenn sich eine Gelegenheit bietet, ein Stück Kuchen hinter seinem Rücken zu stibitzen, darf ich es in Ruhe in meinem Zimmer genießen. Ich muss also nur auf den richtigen Moment warten.*
3. *Mir passiert nichts, wenn ich ein Gebot übertrete.*
4. *Man soll sich nach dem Genuss von Kuchen die Zähne putzen.*
5. *Es spielt aber keine Rolle, ob ich das tue oder nicht. Der Vater kontrolliert es nicht, und ich kann mir deshalb die Mühe sparen.*
6. *Ergo: Was immer der Vater ge- oder verbietet, brauche ich nicht ernst zu nehmen; er selbst tut das auch nicht. Das Übertreten der von ihm aufgestellten Regeln hat für mich keine Folgen; und für den Vater auch nicht. Letztendlich kann ich also tun, wonach mir gerade der Sinn steht.*

Nur die Lektionen 1 und 4 sind vom Vater gewollt. Die anderen vier Lektionen hat er unabsichtlich erteilt, weil er sich nicht die Zeit nahm und die Mühe machte, einzugreifen und über die Einhaltung der von ihm als richtig erkannten Regeln zu wachen. Für ihn war es wichtiger, seine Aufgabenliste für den Vormittag abzuarbeiten. Somit hat er indirekt eine Entscheidung getroffen, nämlich: „Die Reparatur der Spülmaschine ist wichtiger als die Essgewohnheiten meiner Tochter."

Wenn wir den Kindern bestimmte Verhaltensweisen abverlangen, genügt es nicht, sie mit den Verhaltenserwartungen zu konfrontieren. Wir müssen auch kontrollieren, was die Kinder tun. Der Vater im obigen Beispiel verzichtet sogar darauf, seiner Tochter zu erklären, warum er keinen Kuchen zum Frühstück erlauben will und nach dem Verzehr von Süßem Zähneputzen verlangt. Er ist stattdessen ganz auf die Reparatur der Spülmaschine konzentriert.

Regeln aufzustellen, sie zu erläutern, zu begründen und über ihre Einhaltung zu wachen, das alles kann in der Tat sehr zeitintensiv sein. Diese Zeit fehlt dann für andere Dinge. Es liegt an uns Erwachsenen abzuwägen, wie wir unsere Zeit nutzen wollen. Goethe formulierte dazu:

„Wichtige Dinge dürfen nie den unwichtigen untergeordnet werden."

Entscheiden Sie selbst, was Sie für wichtig erachten und welche Prioritäten Sie setzen wollen. Und seien Sie sich bewusst, welche Konsequenzen Ihre Entscheidung jeweils haben wird.

Der Vater beendet an diesem Vormittag alle Aufgaben, die er sich vorgenommen hat. Von den Lektionen, die er seiner Tochter ungewollt erteilt hat, weiß er nichts, sondern fährt gut gelaunt mit seiner Familie zu seinen Freunden zum Essen. Als Melanie auf der Fahrt dorthin im Auto ihren Kassettenrekorder laut aufdreht und ihn auch auf die wiederholten Bitten ihres Vaters nicht leiser stellt, sieht dieser keinen Zusammenhang zwischen Melanies aktuellem Verhalten und seinem eigenen Verhalten vom Vormittag.

Heike ist 35 Jahre alt und hat zwei Kinder: Jens (7 Jahre) und Laura (5 Jahre). Sie ist Arzthelferin, kann aber wegen der Kinder nur hin und wieder stundenweise in der Praxis aushelfen. An einem ganz normalen Nachmittag kommt es zu folgender Situation:

Jens hat einen Freund zum Spielen da und tobt mit ihm durch das Wohnzimmer, obwohl Heike die beiden ausdrücklich darum gebeten hat, draußen zu spielen. Laura langweilt sich, die großen Jungen lassen sie nicht mitspielen. Sie erhofft sich deshalb ein bisschen Abwechslung und Unterhaltung von ihrer Mutter und folgt ihr nun auf Schritt und Tritt durch die Wohnung. Heike selbst muss dringend noch ein Schreiben für den Elternbeirat der Schule aufsetzen und einige Dinge im Haushalt erledigen.

Wäre Heike heiter, gelassen und jeder Situation gewachsen, würde sie den beiden Jungen in ruhigem Ton klarmachen, dass ihr Toben im Wohnzimmer unerwünscht ist, und sie freundlich davon überzeugen, dass sie nun die Unordnung, die sie im Wohnzimmer angerichtet haben, erst einmal selbst aufräumen müssen. Dann würde sie mit den Jungen eine attraktive Spielmöglichkeit für draußen suchen. Gleichzeitig würde sie mit einer Hausarbeit beginnen, bei der ihre kleine Tochter ihr helfen könnte, so dass das Mädchen sinnvoll und auf anregende Weise beschäftigt wird. Und während ihre kleine Tochter selbstständig eine kleine Arbeit erledigen und dabei gleichzeitig Verantwortungsgefühl, Geschicklichkeit und Selbstbewusstsein entwickeln würde, könnte Heike diese Zeit nutzen, um rasch ihr Schreiben zu verfassen. Danach würde sie gut gelaunt mit ein wenig Hausarbeit den Nachmittag ausklingen lassen und schließlich pünktlich alle Familienmitglieder zum Abendbrot an den liebevoll gedeckten Tisch holen …

Aber Heike ist menschlich und fühlt sich genervt. Sie macht den Fehler, die beiden Jungen anzuschreien, nachdem sie sie mehrmals vergeblich darum gebeten hat, nicht im

Wohnzimmer herumzutoben. Ihr Ärger und ihre innere Anspannung übertragen sich nun auf die Jungen, und die beiden beginnen, miteinander zu streiten. Heike versucht, die beiden von ihrem Streit abzulenken, indem sie ihnen einen kleinen Imbiss vorschlägt, aber darauf haben die Kinder keine Lust. Sie scheinen plötzlich zu gar nichts mehr Lust zu haben. Während der ganzen Zeit hält sich Laura dicht an Heike, quengelt und weiß nicht, was sie tun soll. Heike macht ihrer Tochter ein paar Vorschläge, aber darauf geht die Kleine nicht ein. Schließlich verliert Heike die Geduld und schimpft: „Dann geh in dein Zimmer und such dir eben selber was zu tun! Ich kann dich doch nicht die ganze Zeit beschäftigen, das ist ja schrecklich, wie du hier herumhängst!" Laura bricht daraufhin in Tränen aus, schluchzt und wirkt wie ein Häufchen Elend. Jetzt hat Heike ein schlechtes Gewissen. Halbherzig bietet sie ihrer Tochter an, ihr ein bisschen vorzulesen ... Später, beim Abendbrot, ist der Tisch nur flüchtig gedeckt, die Stimmung gedrückt und Heike fühlt sich müde, genervt und inkompetent. Die Hausarbeit hat sie nur teilweise geschafft, und der Brief muss auch noch geschrieben werden.

Im Mittelalter hätte dergleichen nicht so leicht passieren können. Bis in das frühe 19. Jahrhundert hinein bildete die „Haushaltsfamilie" die dominierende Form des familiären Zusammenlebens. Damals wäre eine Mutter nicht den größten Teil des Tages mit ihren beiden Kindern allein gewesen. Die Last der Erziehung wäre besser verteilt gewesen. Zu der „Haushaltsfamilie" gehörten nämlich nicht nur die blutsverwandten Familienangehörigen, sondern auch Mägde, Knechte, Dienstboten, Gesellen usw. Damals fanden Wohnen und Arbeiten in aller Regel unter demselben Dach statt. Wir müssen uns vorstellen, dass auf den Treppen und Gängen ständig Bewegung herrschte. Die Türen zur Straße standen meist offen für die Kundschaft und allerlei Botengänge, so dass es keine strenge Trennung zwischen privatem und öffentlichem Leben gab. Die Kinder konnten sich frei bewegen: Haus, Garten oder Strasse boten ihnen unzählige Spielmöglichkeiten, und sie lernten durch Miterleben. Sie hatten aufgrund dieser Lebensform eine ganze Anzahl von Ansprechpartnern zur freien Auswahl, nämlich alle, die auf dem Bauernhof, im Handwerker- oder Kaufmannshaus zusammenlebten und gemeinsame Produktionsmittel bewirtschafteten. Und alle Erwachsenen im Haus wachten über die Kinder. Kein Erwachsener trug die Last der Erziehung allein. Niemand war allein dafür verantwortlich, dass die Kinder sich den Erwartungen und Regeln entsprechend benahmen; alle Erwachsenen im Haus übten Kontrolle über die Kinder aus.

Ich möchte hier nicht die traditionellen Lebensformen idealisieren, sondern lediglich darauf hinweisen, wie wenig selbstverständlich unsere heutigen Lebensformen sind. Die Familien werden immer kleiner, viele Eltern sind mittlerweile sogar alleinerziehend. Das bringt beträchtliche Nachteile mit sich, sowohl für die Eltern als auch für die Kinder.

Im Grunde hat Heike drei Aufgaben gleichzeitig zu erfüllen:

1. *Sie muss dafür sorgen, dass die Jungen ihren Bewegungsdrang auf akzeptable Weise befriedigen. Sie muss also von den beiden diszipliniertes Verhalten fordern und das Verhalten der Kinder kontrollieren.*
2. *Sie muss für ihre kleine Tochter zur Verfügung stehen und ihr vermitteln, wie man solche „Durchhänger" bewältigt, so dass sie lernt, mit eigenen schlechten Stimmungen diszipliniert umzugehen (statt quengelnd hinter der Mutter durch die Wohnung zu laufen).*
3. *Sie muss ihre Aufgabenliste abarbeiten, sich um Haushalt und Elternbeirat kümmern.*

Es kann wohl keiner von uns behaupten, er sei Situationen dieser Art immer gewachsen. Wie gut wir damit jeweils zurechtkommen, hängt von vielen Faktoren ab, nicht zuletzt von der Tagesform. Wenn wir ausgeruht sind und uns wohl fühlen, bewältigen wir eine solche Situation meist besser. In kleinen Familien gibt es für die Betreuungsperson kaum Entlastungsmöglichkeiten. Sie ist in der Regel auf sich allein gestellt. Auch Heike hat niemanden, der ihr in dieser Situation zur Seite steht und Unterstützung anbieten kann. Die Überlastung der jeweiligen Betreuungsperson ist also in der Kleinfamilie schon vorprogrammiert.

Problematisch an solchen Situationen ist zudem die Art, wie sich Gefühle selbst verstärken können, so dass die Beteiligten am Ende wie in einem Teufelskreis gefangen sind.

Heike verliert die Nerven und schreit die beiden Jungen an. Ihre Anspannung überträgt sich auf die Kinder, die nun miteinander in Streit geraten und nicht mehr in ihr Spiel zurückfinden. Dadurch verstärkt sich Heikes innere Anspannung zusätzlich, und sie hat deshalb keine Geduld mit ihrer kleinen Tochter. Als daraufhin die Tochter zu weinen beginnt, fühlt sich Heike elend und zweifelt an ihrer Kompetenz als Mutter. Die Stimmung aller Beteiligten ist im Keller.

Solche Teufelskreise sind typisch für Kleinfamilien. Sie können manchmal ganz leicht durchbrochen werden, wenn eine andere Person hinzukommt.

Würde beispielsweise jetzt eine Freundin von Heike anrufen, wäre Heike erst einmal von der unguten Situation abgelenkt, könnte sich wieder fangen, und wahrscheinlich würde sich ihre Stimmung heben.

Würde der Großvater vorbeikommen, könnte Heike ihm die kleine Tochter zu einem Spaziergang mitgeben und hätte mehr Ruhe, sich um die Jungen und ihre Arbeit zu kümmern.

Würde der Vater jetzt nach Hause kommen, könnte Heike ihm vielleicht für einige Zeit die Kinder überlassen und sich wieder entspannen.

Je kleiner die Gruppe, desto größer die Gefahr von Teufelskreisen. Die Beteiligten sind dann in ihrem Verhalten vollkommen aufeinander bezogen. Es entstehen plötzlich Muster von Aktion und Reaktion, die sich verselbstständigen und ihre eigene Dynamik entwickeln. Es gibt nicht wenige Fälle, wo die Beteiligten so sehr in diesen Teufelskreisen gefangen sind, dass sie ohne professionelle Hilfe nicht mehr herausfinden.

Da Heike jetzt in einem solchen Teufelskreis feststeckt, hat sie jede Souveränität verloren und ist erst einmal außer Stande, ihre Erziehungsaufgabe gegenüber den Kindern wahrzunehmen.

Die Kleinfamilie als Lebensform begünstigt also die Überforderung der jeweiligen Betreuungsperson und das Entstehen lähmender Teufelskreise. Beides führt dazu, dass Eltern ihrer Erziehungsaufgabe nicht immer in vollem Umfang gerecht werden können. Was ließe sich dagegen tun?

Die Antwort kann sicher nicht darin bestehen, die alten Haushaltsfamilien wieder aufleben zu lassen. Aber wir müssen tatsächlich über unsere modernen Lebensformen nachdenken. In den Medien ist mittlerweile immer wieder vom Phänomen der Vereinzelung die Rede. Dieses Phänomen existiert und stellt auf vielerlei Weise ein Problem dar. U.a. trägt es, wie wir oben gesehen haben, dazu bei, dass Eltern ihrer Erziehungsaufgabe nicht immer in angemessener Weise nachkommen können. Dem lässt sich wohl nur entgegenwirken, indem wir bewusst vielfältige Kontakte knüpfen und pflegen. Je mehr Menschen es gibt, auf deren Unterstützung Eltern in Stresssituationen zurückgreifen können, desto besser ist es für alle Beteiligten. Aber der Aufbau und die Pflege derartiger Kontakte fällt in den Aufgabenbereich des Einzelnen. Dafür wären dann Investitionen an Zeit und Energie nötig.

Am Abend, als die Kinder schlafen gegangen sind und Heike sich wieder etwas beruhigt hat, überlegt sie, warum sich in letzter Zeit Situationen wie heute häufen. Ihr wird ihre Überforderung bewusst. Sie möchte die Kinder allerdings nicht an Betreuungseinrichtungen abgeben, zumal sie kaum Chancen auf einen Betreuungsplatz hätte, da die Nachfrage sehr groß ist. Sie überlegt, welche anderen Möglichkeiten es noch zu ihrer Entlastung gibt und beschließt daraufhin, sich über das Angebot der Familienbildungsstätte zu informieren, um auf diese Weise neue Kontakte zu knüpfen. Außerdem beschließt sie, das schwierige Verhältnis zu ihren Schwiegereltern noch einmal zu prüfen; denn sie kann sich gut vorstellen, dass ihre Schwiegereltern bereit und in der Lage wären, sie bei der Betreuung der Kinder mehr zu unterstützen.

Das Problem der schwarzen Pädagogik

Mit „schwarzer Pädagogik" wird ein Erziehungsansatz bezeichnet, dessen Ziel darin besteht, das betreffende Kind seiner eigenen individuellen Lebendigkeit zu berauben, um es vollständig an die Ziele der Erwachsenen anzupassen. Dies geschah und geschieht nicht etwa in böser Absicht; vielmehr sind die jeweiligen Erwachsenen von der Richtigkeit ihrer Ziele und ihres Vorgehens vollkommen überzeugt. So war es beispielsweise den Erziehern im 19. und auch noch in der ersten Hälfte des 20. Jahrhunderts ein großes Anliegen, die „Halsstarrigkeit" und den Eigensinn eines Kindes zu brechen. Man war allgemein der aufrichtigen Überzeugung, die Erziehung zum Gehorsam sei eine unverzichtbare Pflicht aller Eltern und Lehrer.

Die Wurzeln dieses Verständnisses von Erziehung liegen im Christentum. Der gute Christ ordnet sich Gottes Geboten bedingungslos unter, liebt Gott ohne Vorbehalte und fügt sich in Gottes Ordnung freudig und widerstandslos ein. Aus der christlichen Weltsicht ergab sich für die Menschen über viele Jahrhunderte eine selbstverständliche Gesellschaftsordnung: An der Spitze stand der Herrscher, der von Gott zum Herrschen legitimiert und deshalb auch nur Gott gegenüber verantwortlich war; unter ihm stand sein Volk, das ihm Gehorsam schuldete. Diese Ordnung wurde in Deutschland sehr lange gelebt. Sie bestand ganz selbstverständlich noch bis ins 20. Jahrhundert fort. Die deutschen Mädchen wurden am Geburtstag des Kaisers in Festkleider gesteckt und mussten aufsagen:

„Herrscher im Preußenland,
Vater des Vaterlands,
voll Herrlichkeit,
zu Gottes Himmelshöhen
gläubig wir aufwärts sehen,
Herr für dein Wohlergehen,
beten wir heut."

Zwar gab es auch im alten Preußen Stimmen, die diesen Gehorsam der Bürger in all seiner Fragwürdigkeit erkannten und mehr Freiheiten für den Einzelnen forderten. So sprach schon 1784 Immanuel Kant in Königsberg in Preußen über die Aufklärung und forderte die Bürger auf, sich endlich aus ihrer Unmündigkeit zu befreien. Aber obwohl seine Worte weltberühmt wurden, änderte sich politisch nichts. Die alte Ordnung hielt sich hartnäckig, weder die Französische Revolution noch die industrielle Revolution konnten etwas daran ändern. Obwohl auch in Preußen eine ganze Reihe gebildeter und aufgeklärter Menschen lebten, die humanistisch dachten, waren sie ohne politischen Einfluss, denn es gab keine Meinungsfreiheit. So blieben trotz der Aufklärung die Verhältnisse feudal. 1848 schoss das preußische Militär auf Demonstranten, die wegen der katastrophalen sozialen Lage der Arbeiter auf die Strasse gegangen waren. Friedrich Wilhelm IV. äußerte: „Gegen Demokraten helfen nur Soldaten." Er bestand darauf, Herrscher von Gottes und nicht von Volkes Gnaden zu sein. Bismarck, der als Reichskanzler lange Zeit die wahre Macht in Händen hielt, glaubte fest daran, die Probleme der Zeit seien vor allem durch „Eisen und Blut" zu lösen (statt mit Reden und Mehrheiten).

Auch im Dritten Reich hielt man viel von Zucht und Ordnung. Der Bürger hatte sich den Forderungen der Obrigkeit anzupassen und seine Pflicht zu tun. Von Adolf Hitler stammen die Worte: „Was für ein Glück für die Regierenden, dass die Menschen nicht denken."

Eine solche Gesellschaftsordnung und Ethik hatte selbstverständlich unmittelbare Auswirkungen auf die Erziehung der Kinder. Sollten sie doch später als Erwachsene in der Lage sein, ihre Aufgaben als Untertanen pflichtschuldigst zu erfüllen. Deswegen ist es nicht verwunderlich, wie sehr die Erziehung bis weit in das 20. Jahrhundert hinein von der „schwarzen Pädagogik" geprägt war. Um Ihnen zu demonstrieren, was das praktisch für den Alltag der Kinder bedeutete, möchte ich Ihnen einige Zitate aus Schriften zur Erziehung präsentieren. Sie entstammen alle Alice Miller's Buch „Am Anfang war Erziehung".

„Eine wahrhaft christliche Pädagogik, die das Menschenkind nimmt, nicht, wie es sein sollte, sondern wie es ist, wird nicht grundsätzlich aller und jeder körperlichen Züchtigung absagen können. Dieselbe ist für manche Verfehlung gerade die angemessene Strafe; sie demütigt und erschüttert, sie bezeugt tatsächlich die Notwendigkeit der Beugung unter eine höhere Ordnung ..." (Text von 1887, S. 62).

„Zu den Ausgeburten einer übel verstandenen Philanthropie gehört auch die Meinung, zur Freudigkeit des Gehorsams bedürfe es der Einsicht in die Gründe des Befehls, und jeder blinde Gehorsam widerstreite der Menschenwürde. Wer sich unterfängt, dergleichen Ansichten in Haus oder Schule zu verpflanzen, der vergisst, dass wir Erwachsenen uns im Glauben an eine höhere Weisheit der göttlichen Weltordnung fügen müssen, und dass die menschliche Vernunft nimmermehr dieses Glaubens entbehren darf. ... so soll das Kind im Glauben an die Weisheit der Eltern und Lehrer sein Tun unterordnen und hierin eine Vorschule zum Gehorsam gegen den himmlischen Vater finden ... Der Erzieher, welcher seine Befehle mit Gründen begleitet, räumt zugleich Gegengründen eine Berechtigung ein, und damit wird das Verhältnis zum Zögling verschoben. Dieser betritt das Feld der Unterhandlungen und stellt sich dem Erzieher gleich; mit solcher Gleichheit verträgt sich aber keineswegs die Ehrfurcht, ohne welche keine Erziehung gedeihen kann." (Zitat von 1852, S. 57)

„Ist es nicht Affenliebe, wenn das Kind schon in der Wiege auf alle Weise verhätschelt und verzärtelt wird? Statt das Kind mit dem ersten Tage seines Erdendaseins an Einhaltung von Ordnung und Zeit im Genuss seiner Nahrung zu gewöhnen und so den ersten Grund zu Mäßigkeit, Geduld und – Menschenglück zu legen, lässt sich die Affenliebe leiten vom Geschrei des Säuglings." (Zitat von 1902, S. 57)

Zur „schwarzen Pädagogik" gehören also die Forderung nach unbedingtem blinden Gehorsam, harte körperliche Züchtigung, das Ignorieren kindlicher Bedürfnisse, das Verbot selbstständigen Denkens usw. All das war mit der Forderung nach Disziplin verbunden. Ist es da verwunderlich, wenn uns modernen Menschen schon beim Wort „Disziplin" mitunter mulmig wird? Wurde sie doch Jahrhunderte lang dazu benutzt, eine feudale Ordnung aufrechtzuerhalten, bei der der Großteil der Bevölkerung wirtschaftlich und politisch missbraucht und in nahezu vollständiger politischer Unmündigkeit gehalten wurde! Wenn heute Eltern davor zurückschrecken, ihr Kind zu disziplinieren, dann geschieht das häufig auch, weil sie ihm nicht seine Freiheit und Individualität beschneiden wollen. Angesichts unserer deutschen Geschichte scheint mir das eine durchaus verständliche und berechtigte Sorge zu sein.

Unser modernes Verständnis von Bürgertum und Erziehung ist inzwischen mit dem alten Begriff von Disziplin nicht mehr zu vereinbaren. Es hieße aber, das Kind mit dem Bade auszuschütten, wollte man nun den Schluss daraus ziehen, die moderne Erziehung könne auf jegliche Disziplin verzichten. Im Gegenteil – wir können heute noch weniger auf Disziplin verzichten als früher. Warum das so ist, möchte ich im folgenden Kapitel erläutern.

2. Warum ist Disziplin wichtig?

Im vorangegangenen Kapitel habe ich die Gründe aufzuzeigen versucht, die uns die Erziehung unserer Kinder zu diszipliniertem Verhalten erschweren. Diese Gründe sind alle nachvollziehbar, und doch können wir es uns keineswegs leisten, die Disziplin unserer Kinder zu vernachlässigen. Die Fähigkeit zur Selbstkontrolle ist unverzichtbare Voraussetzung für ein erfülltes Leben, für Glück und Erfolg.

Im Folgenden werde ich einige Aspekte aufzeigen, die die Relevanz disziplinierten Verhaltens belegen. Wozu sollen wir diszipliniert handeln? Warum ist es überhaupt notwendig, dass wir unsere Kinder zur Disziplin erziehen? Was bringt das? Um solche Fragen soll es in diesem Kapitel gehen. Die einzelnen Aspekte, die ich dabei herausgreife, sind nicht alle unabhängig voneinander. Auch erhebe ich mit ihnen keinen Anspruch auf eine vollständige Darstellung. Es gibt sicher noch mehr gute Gründe für diszipliniertes Verhalten als die im Folgenden aufgeführten. Eines wird dabei völlig klar werden: Es geht nicht ohne Disziplin. Und Eltern würden sich geradezu verantwortungslos verhalten, wollten sie darauf verzichten, ihre Kinder zu diszipliniertem Verhalten zu erziehen.

Gesundheit

Nach jüngsten Berichten der Deutschen Gesellschaft für Ernährung gilt in der Bundesrepublik inzwischen jedes fünfte Kind und jeder dritte Jugendliche als zu dick. Der WDR berichtete in seiner Sendung vom 26. Januar 2002, Übergewicht sei heute das am schnellsten wachsende Gesundheitsrisiko.

Experten sprächen sogar von einer Epidemie. Ist ein zehnjähriges Kind übergewichtig, dann wird es mit einer Wahrscheinlichkeit von 70 Prozent auch dick bleiben. Die Wahrscheinlichkeit steigt um weitere 10 Prozent, wenn Vater oder Mutter ebenfalls übergewichtig sind. Übergewicht hat vor allem zwei Gründe:

1. falsche Ernährungsgewohnheiten.
   Essgewohnheiten werden Studien zufolge am stärksten durch die Familie geprägt. Unsere Kinder essen zu süß und zu fett.
2. abnehmende körperliche Bewegung bei erhöhtem Fernseh- und Medienkonsum.
   Das Fernsehen schadet der Gesundheit gleich doppelt: Es verhindert körperliche Bewegung und verführt zum Naschen. Die Kinder sitzen nicht selten stundenlang davor und verzehren nebenher allerlei Süßes und/oder Fettes. Auch die Freude an körperlicher Aktivität wird am stärksten durch die Familie geprägt.

Typische Folgekrankheiten der Fettsucht sind: Zuckerkrankheit, Bluthochdruck, Herz- und Hirninfarkte, verfrühter Verschleiß von Wirbelsäule und Gelenken, Krampfadern, Hauterkrankungen, Depression, Gallensteine. Nicht wenige Kinder weisen bereits erhöhte Cholesterin- und Blutdruckwerte auf. Weiterhin kann eine Fettsucht bereits bestehende Krankheiten verschlimmern, wie beispielsweise Asthma bronchiale oder Herzkrankheiten. Außerdem haben Fettsüchtige mehr schwere Unfälle als Normalgewichtige.

Hier sind wir als Eltern gefordert. Wir haben die Aufgabe, für vernünftige Essgewohnheiten zu sorgen, unsere Kinder zu ausreichender körperlicher Aktivität anzuhalten und ihnen ein Verantwortungsbewusstsein für die eigene Gesundheit zu vermitteln. Mit anderen Worten: Wir müssen sie zur Disziplin anhalten. Denn ohne Disziplin ist das alles nicht zu leisten. Zu leicht verfügbar sind die vielfältigen Leckereien, zu zahlreich die süßen und fetten Verlockungen. Ohne eine gehörige Portion Disziplin lässt sich all dem nicht auf Dauer widerstehen. Und hier genügt es auch sicher nicht, dass Eltern die Nahrungsaufnahme ihrer Kinder überwachen. Sie können zwar aufpassen, was ein Kleinkind im Laufe des Tages zu sich nimmt, aber bereits im Grundschulalter ist es für Eltern kaum mehr möglich zu kontrollieren, was und wie viel ihr Kind isst. Oft wandert das Pausenbrot in den Papierkorb auf dem Schulhof, der Apfel wird verschenkt und das Kind kauft sich am Kiosk etwas Süßes. Die Eltern merken davon häufig nichts. Darum ist es erforderlich, den Kindern Selbstdisziplin beizubringen. Sie müssen lernen, ihr Verhalten selbst zu steuern und verantwortungsvoll mit dem eigenen Körper umzugehen.

Das gilt erst recht für die Zeit der Pubertät, wo die Gefahr für die Gesundheit noch zunimmt aufgrund der immer breiter werdenden Palette von Rauschmitteln aller Art. Das Einstiegsalter für derartige Stoffe sinkt. So berichtet beispielsweise die Ärztezeitung, dass eine beträchtliche Zahl von Kindern im Alter zwischen 9 und 15 Jahren bereits nikotinabhängig sei und dass diese Kinder deutliche Abhängigkeitssymptome wie Unruhe und Ängstlichkeit aufweisen, wenn sie kein Geld für Zigaretten haben.

Natürlich haben wir Eltern hier keine leichte Aufgabe. Denn wir arbeiten gegen zwei mächtige Gegner: Zum einen arbeiten wir gegen die eigene Biologie. Der Mensch hat nicht immer in einer Überflussgesellschaft gelebt. Es ist noch gar nicht so lange her, da war es für unser Überleben ratsam, so viel wie möglich zu essen, wann immer Nahrung verfügbar war. Auf dieses „so viel wie möglich" sind wir heute noch programmiert, auch wenn es inzwischen lebensgefährlich sein kann. Zum anderen ist eine ganze Nahrungsmittelindustrie unser Feind, wenn wir als Eltern unsere Kinder zu einem verantwortungsbewussten Essverhalten erziehen wollen. Denn die Industrie gibt sich große Mühe, unsere Kinder und Jugendlichen zum Kaufen und Essen zu verführen. Da wird mit allerlei Tricks gearbeitet: Bunte und lustige Verpackungen, Geschenke, Überraschungen, Sammelpunkte, Sammelobjekte und obendrein noch appetitsteigernde Geschmacksverstärker animieren zum Mehr-Essen, sprich Mehr-Kaufen. Wenn wir dem nichts entgegensetzen, sind unsere Kinder die willigen und ahnungslosen Opfer dieses Industriezweigs.

Leistung

Der dreizehnjährige Manuel ist ein sehr intelligenter Junge. In der Grundschule brauchte er sich kaum anzustrengen. Er kam wegen seiner raschen Auffassungsgabe immer gut mit. Seine Intelligenz erlaubte es ihm, auch ohne große Anstrengungen zu den Klassenbesten zu gehören. Der schulische Erfolg war ihm stets selbstverständlich. Seine Eltern haben ihn deshalb aufs Gymnasium geschickt. Auch dort hat Manuel anfangs gute Noten erhalten, dann aber kam der Punkt, wo eine rasche Auffassungsgabe und Intelligenz alleine nicht genügen. Vokabeln, Grammatikregeln, Erdkunde, Biologie – überall da, wo es etwas zu pauken gibt, hat Manuel Schwierigkeiten. Er besucht zwar den Unterricht und findet auch manche Unterrichtsinhalte durchaus interessant, aber er verspürt keine Lust, wirklich zu arbeiten und sich anzustrengen. Er ist es gewohnt, dass ihm die Dinge zufliegen. Arbeiten hat er nicht gelernt. Seine Leistungen fallen deshalb steil ab, und er muss nun das Gymnasium verlassen.

Die fünfjährige Sandra möchte Ballerina werden. Ihre Mutter meldet sie deshalb in einer Ballettschule an. Sandra ist begeistert. Sie genießt die ersten Stunden in der Ballettschule und spricht von nichts anderem mehr. Dann merkt sie aber, dass sie viele Bewegungsabläufe nicht auf Anhieb beherrscht, und ihr manches nicht so gelingt, wie sie sich das vorstellt. Sie wird regelmäßig von der Lehrerin korrigiert, stolpert auch mal und fällt hin. Sandra gefällt das nicht. So hat sie sich das Tanzen nicht vorgestellt. Sie will nicht mehr zum Ballett gehen. Nachdem sie im Fernsehen ein Reitturnier gesehen hat, will Sandra jetzt lieber reiten. Ihre Mutter meldet sie daraufhin von der Ballettschule ab und bei einer Reitschule an …

Manuel und Sandra verbindet die Unfähigkeit, sich ein Ziel zu setzen und dafür zu arbeiten. Sie wollen Erfolg ohne Anstrengung. Zwar gibt es im Leben mitunter Situationen, in denen so etwas möglich ist, aber sie bilden natürlich die Ausnahme. Wir Erwachsenen wissen sehr gut, wie hart man für viele Dinge arbeiten muss. Und wie schwer es manchmal sein kann, den inneren Schweinehund zu überwinden. „Ohne Fleiß kein Preis“ lautet ein altmodisches Sprichwort. Wie wahr! Und wer nicht zu arbeiten gelernt hat, hat schlechte Karten in einer Leistungsgesellschaft wie der unseren.

Aber Eltern haben heutzutage große Sorge, sie könnten ihre Kinder überfordern. Damit das bloß nicht passiert, fordern sie lieber gar nichts mehr. Diese Schonhaltung hilft den Kindern aber leider nicht weiter, auch wenn sie gut gemeint ist. Denn Lernen ist per se Überforderung. Wenn Kinder nicht wohl dosiert mit neuen Lerninhalten überfordert werden, wie sollen sie dann wachsen können? Wie sollen sie Tüchtigkeit und Problemlösefähigkeit entwickeln, wenn wir ihnen keine harten Nüsse zu knacken geben? Daher schulden wir es unseren Kindern, sie zur disziplinierten Arbeit anzuhalten; müssen sie doch eines Tages in der Lage sein, auch ohne unsere Unterstützung in dieser Gesellschaft zurechtzukommen. Es gehört zu unserer Erziehungsaufgabe, sie leistungsfähig zu machen. Und wir schulden es ihnen auch noch aus einem anderen Grund: Kennen Sie das Gefühl, das sich einstellt, wenn Sie hart für eine Sache gearbeitet haben und schließlich am Ziel ankommen? Die Befriedigung, die Sie dann erfüllt, das Gefühl des Triumphes, der Stolz auf sich selbst, das gestärkte Selbstbewusstsein? Wenn wir unsere Kinder nicht lehren, an einer Sache dranzubleiben, dafür zu arbeiten, sich einzusetzen mit aller Kraft – dann nehmen wir ihnen auch die Chance auf Erfolg und auf das Glück, das darin liegt, es geschafft und sein Ziel erreicht zu haben.

Auch unsere Träume lassen sich in den meisten Fällen nur

verwirklichen, wenn wir daran arbeiten. So gehört beispielsweise zum Traumberuf fast immer auch: jahrelange Ausbildung, frühes Aufstehen, Büffeln bis in die späten Abendstunden, Verzicht auf Freizeit und Vergnügen, Prüfungsstress. Und wenn wir dann unser Ziel erreicht haben, erwartet uns keineswegs endlose Glückseligkeit. Auch Traumberufe haben die Eigenschaft, mit unangenehmen Aspekten verbunden zu sein. Es gibt eben kein Paradies. Durchhalten, auch Unangenehmes erledigen können, sich nicht entmutigen lassen, Energien bündeln und um Dinge kämpfen, die uns wertvoll erscheinen – das ist unverzichtbar, das gehört zu einem erfüllten und guten Leben dazu. Und es ist wichtig, unsere Kinder darauf vorzubereiten, indem wir sie früh diszipliniertes Arbeiten lehren.

Soziale Kompetenz und Gemeinschaftsfähigkeit

Alissa ist vier Jahre alt und im Kindergarten das unbeliebteste Mädchen, weil sie immer alles bestimmen will. Wer sich ihr widersetzt, muss damit rechnen, geschubst, getreten oder geschlagen zu werden.

Jakob ist neun Jahre alt und wird von den Jungen in seiner Klasse gemieden. Er will immer der Größte und Tollste sein und hat tausend Dinge auf Lager, mit denen er die Klassenkameraden zu übertrumpfen versucht.

Lara ist elf Jahre alt und redet nur noch von Pferden. Sie reitet leidenschaftlich gern und kennt kein anderes Thema mehr. Die anderen Mädchen fühlen sich dadurch gelangweilt und suchen sich lieber jemand anderen zur Gesellschaft.

Alissa will der Boss sein, Jakob bewundert werden und Lara wünscht sich die Anteilnahme der anderen. Diese drei Kinder teilen die Unfähigkeit, sich auf andere einzustellen, andere als gleichwertig gelten zu lassen und Interesse für deren Belange aufzubringen. Die drei Kinder sind allesamt nicht gemeinschaftsfähig, sondern große Egozentriker. Es schadet ihnen in doppelter Hinsicht, denn erstens bekommen sie auf diese Weise selten, was sie wollen, und zweitens werden sie aus der Gemeinschaft ausgeschlossen. Und es gibt wenige Dinge, die psychisch belastender sind, als ein Außenseiter zu sein. Denn wir brauchen die anderen.

Für den Säugling ist Egozentrismus ein ganz normaler Zustand. Wir alle glauben zu Beginn unseres Lebens, der Mittelpunkt der Welt zu sein. Diesem Glauben sollten wir jedoch nach und nach entwachsen. Dazu brauchen wir die Unterstützung der Erwachsenen. Und als Erwachsene gehört es zu unseren Aufgaben, den Kindern klarzumachen, dass auch alle anderen Menschen eine eigene Gefühlswelt haben, eigene Wünsche, Bedürfnisse und auch ganz eigene Sichtweisen der Dinge. Und dass sie damit nicht mehr und nicht weniger Respekt und Aufmerksamkeit verdienen als das Kind selbst. Das bedeutet in der Praxis, das Kind zu Höflichkeit und zu respektvollem Umgang mit allen Menschen anzuhalten, ihm Selbstbeherrschung abzuverlangen, Rücksichtnahme von ihm zu fordern und es Einfühlsamkeit zu lehren. All diese Dinge erfordern Disziplin.

Meine zehnjährige Tochter Helen befindet sich gerade mit mir in der Küche, und ich spreche zu ihr, als ihr plötzlich etwas einfällt und sie in ihr Zimmer gehen will, um etwas zu holen. Noch während ich spreche, verlässt sie den Raum. Ich mache sie darauf aufmerksam, dass ich ein solches Verhalten als verletzend erlebe, und fordere von ihr, mich zu Ende sprechen zu lassen. Ich fasse mich kurz (aus Respekt vor ihren Bedürfnissen), und erlaube ihr erst dann, ihrem Impuls nachzugeben und in ihr Zimmer zu gehen.

Meine vier Töchter wachsen mit den üblichen geschwisterlichen Rivalitäten auf. Ich habe mich so selten wie möglich eingemischt, weil ich davon überzeugt bin, mit einer Einmischung und eventuellen Parteinahme die Konflikte nur zu verschärfen. Aber es gab einen Aspekt, der mich immer zum

Eingreifen veranlasste: Wenn nämlich der Streit mit Respektlosigkeiten verbunden war. „Ihr braucht euch nicht zu lieben, aber ich verlange, dass ihr anständig miteinander umgeht!" Diesen Satz haben meine Töchter sehr häufig von mir zu hören bekommen. Inzwischen hat sich jegliche Einmischung meinerseits erübrigt. Meine Töchter sind zwar nicht immer diszipliniert genug, um sich im Eifer des Gefechts tadellos zu benehmen, aber sie haben ein feines Gespür dafür entwickelt, was „anständig" ist. Sie sind in der Lage, sich auch gegenseitig zu entschuldigen und die Sache wieder ins Lot zu bringen.

Mit Lektionen wie diesen lehren wir unsere Kinder, in Gemeinschaft mit anderen Menschen zu leben. Streng genommen ist dieser Lernprozess niemals ganz abgeschlossen. Beispielsweise kann auch mir durchaus einmal eine Taktlosigkeit unterlaufen, weil ich zu impulsiv reagiere oder eine Situation nicht durchschaue. Aber wichtig ist, bei unseren Kindern das Bewusstsein für diese Dinge zu wecken, damit sie sich um einen verantwortungsbewussten Umgang mit anderen Menschen bemühen: in ihrem eigenen Interesse.

Anpassungsfähigkeit

Die Eltern der siebenjährigen Maja lassen sich scheiden. Maja zieht mit ihrer Mutter in eine kleinere Wohnung und verbringt nun jedes zweite Wochenende bei dem Vater und seiner neuen Partnerin. Es ist, als müsse sie zwischen zwei Welten pendeln.

Der Vater des zehnjährigen Mark verliert seine Arbeit. Die Familie hat nun weniger Geld zum Leben und muss sich sehr einschränken. Mark kann mit seiner Familie nicht mehr in Urlaub fahren, wie die anderen Kinder in seiner Klasse, kann nicht mehr ins Kino gehen, muss auf viele materielle Dinge verzichten.

Die vierzehnjährige Debora zieht mit ihren Eltern aus beruflichen Gründen in ein anderes Bundesland. Sie muss sich an eine neue Schule gewöhnen, an neue Lehrer, an einen anderen Lehrplan, an die neue Umgebung. Sie muss neue Freunde suchen, neue Freizeitmöglichkeiten und sie muss loslassen lernen, was ihr lieb und vertraut war.

Es gehört zu den Kennzeichen unserer Zeit, dass Veränderungen häufig und in rascher Abfolge stattfinden. Eine Stabilität, wie sie noch vor wenigen Jahrzehnten selbstverständlich war, existiert nicht mehr. Man kann sich auf die Dinge nicht mehr im selben Maße verlassen. Morgen schon kann vieles anders sein, was uns heute noch normal erscheint. Dadurch entstehen auch neue Anforderungen an unsere Kinder: Sie müssen sich nämlich an die jeweils veränderten Umstände anpassen und damit zurechtkommen.

Maja muss nicht nur den Schmerz über die Trennung der Eltern verarbeiten. Sie soll darüber hinaus auch die neue Lebensgefährtin des Vaters akzeptieren und sich den in den beiden Haushalten jeweils geltenden Regeln fügen. Auch die Planung der Wochenendbesuche kann sie nicht beliebig steuern.

Mark muss lernen, zu verzichten und trotzdem zufrieden zu sein.

Debora muss sich in ihrem Leben ganz neu einrichten. Es gibt kaum noch etwas, das sich für sie nicht geändert hat. Sie muss zusehen, dass sie trotzdem in ihren schulischen Leistungen nicht nachlässt, neue Freunde gewinnt, mit denen sie sich wohlfühlt etc.

Solche Veränderungen verlangen also den Kindern sehr viel ab. Und die Gefahr besteht (genau wie bei manchen Erwachsenen), dass die Kinder sich nun unwohl fühlen und die neue Situation nicht annehmen wollen. Würden sie damit hadern, würden sie sich selbst schaden und ihre Energien vergeuden.

Denn gegen die betreffenden Veränderungen anzurennen, ist in den geschilderten Fällen zwecklos. Es gehört viel Disziplin dazu, sich zu sagen: „Diese Veränderungen sind nicht angenehm für mich. Ich wollte, die Dinge wären anders. Aber ich kann es nun mal nicht ändern. Ich will mich deshalb mit ganzem Herzen darauf einlassen und versuchen, das Beste daraus zu machen. Und sicher steckt auch etwas Gutes in all dem. Ich muss mich nur bemühen, es zu finden." Genau das wäre die Haltung, mit der man konstruktiv an Veränderungen herangehen kann. Ohne innere Disziplin lässt sich das aber nur schwer bewerkstelligen.

Persönliches Wachstum

Manchmal, wie in den obigen Beispielen, wird innere Veränderung von außen verordnet. Die Welt draußen zwingt uns einfach, unser Verhalten zu ändern und uns mit Neuem auseinander zu setzen. Entweder wir passen uns an oder wir zerbrechen an den veränderten Umständen. Das ist manchmal sehr hart. Und dann gibt es Situationen, wo wir nicht zu verändertem Verhalten gezwungen, sondern nur sanft von außen dazu angestoßen werden. Das passiert beispielsweise, wenn jemand unser Verhalten in Frage stellt oder negatives Feedback gibt.

Die meisten Menschen wissen solche Situationen nicht zu ihrem eigenen Vorteil zu nutzen. Sie halten es nicht aus, in Frage gestellt zu werden, sondern beginnen gleich damit, ihr Verhalten zu rechtfertigen oder, schlimmer noch, sie fühlen sich angegriffen und reagieren, indem sie sofort zum Gegenangriff ausholen. Sie können zu ihren Schwächen und Verletzlichkeiten nicht stehen. Dazu fehlt ihnen das Rückgrat. Deswegen sind sie auch nicht imstande, die Kommentare und Fragen ihrer Mitmenschen ernsthaft zu prüfen und gegebenenfalls zu ihrem persönlichen Wachstum zu nutzen. Sie werden auf diese Weise nie erfahren können, wie viel Hilfe und Unterstützung man von anderen erhalten kann, wenn man zu seinen

Schwächen steht; und sie bringen sich selbst um eine Chance zu reifen, denn, statt sich der Notwendigkeit zur Veränderung zu stellen, ziehen sie es vor, sich in die Tasche zu lügen.

Noch schwieriger jedoch kann es sein, Veränderungen aus eigenem Antrieb aktiv herbeizuführen. Mitunter sind Lebensumstände sehr bequem. Wir richten uns gemütlich darin ein, und es könnte im Prinzip von uns aus immer so bleiben. Jede wichtige Einzelheit unseres Lebens scheint uns vertraut und berechenbar. Wir fühlen uns sicher und geborgen. Jedoch wachsen wir an solchen Lebensumständen natürlich nicht. Wir bleiben mental und emotional stehen. Reinhard Sprenger meint dazu: „Wer immer das tut, was er schon kann, bleibt immer das, was er schon ist.“ Das menschliche Gehirn ist nicht zur Passivität geschaffen. Es will beschäftigt sein. Die Hirnforschung belegt sogar, dass Glück vor allem in der Aktivität erlebt wird, nicht, wie so oft fälschlicherweise angenommen, im passiven und bequemen Genuss. Wenn wir glücklich werden wollen im Leben, müssen wir uns immer wieder auf das Neue einlassen und auf die Dinge zugehen. Ohne solche Veränderungen sind weder Glück noch persönliches Wachstum denkbar. So weit, so gut. Wenn da nur nicht der innere Schweinehund wäre …

Markus sitzt vor seinem Computer und spielt sein Lieblingsspiel, als es an der Tür klingelt. Ein Junge aus der Parallelklasse ist kürzlich mit seiner Familie in das Wohnviertel gezogen, in dem auch Markus mit seinen Eltern lebt. Dieser Junge fragt nun, ob Markus mit zum Feldhockey kommen und sich das Training mal anschauen wolle. Aber Markus kennt Hockey nicht, er weiß damit nichts anzufangen. Deshalb lehnt er ab und bleibt vor seinem Computer sitzen.

Die zwölfjährige Mira hat sich einer Theatergruppe angeschlossen. Dienstag Nachmittag findet jeweils eine zweistündige Probe statt. Heute ist es draußen sehr kalt, es herrscht Dauerfrost. Mira hat keine Lust, die Viertelstunde durch die Kälte zum Probenraum zu laufen. Sie bleibt deshalb lieber zuhause und sieht fern.

Diese Kinder nehmen sich die Chance auf neue Erfahrungen, an denen sie wachsen könnten, weil ihnen ihre Bequemlichkeit im Weg steht. Inneres Wachstum kann aber nur zustande kommen, wenn wir uns einlassen. Bequem ist das sicherlich nicht. Bedeutet es doch immer, die gewohnte Komfortzone zu verlassen. Es kann erfrischend sein, bereichernd, beglückend – aber eben nicht bequem. Sich auf Neues einzulassen bedeutet nicht selten, Ängste, Vorbehalte und Zweifel zu überwinden, bedeutet, Risiken einzugehen und Bequemlichkeit aufzugeben. Zunächst verliert man etwas, ohne zu wissen, ob es sich lohnt. Aber manchmal ist es einfach nicht genug, wenn wir Schwierigkeiten und Herausforderungen annehmen, die von außen an uns herangetragen werden; manchmal wird es sogar nötig, dass wir sie geradezu *suchen*. „Es geht immer da lang, wo die Herausforderung ist", schreibt Reinhard Sprenger. Recht hat er. Aber ohne die Disziplin der Selbstüberwindung ist das nicht zu schaffen.

Integrität und Zivilcourage

Jan und Sebastian sitzen in der Klasse nebeneinander. Als eine Mathematikarbeit geschrieben wird, schreibt Sebastian von Jan ab. Dem Lehrer fällt bei der Korrektur der Arbeit auf, dass beide Jungen dieselben Fehler haben. Er ist verärgert und verpasst den beiden deshalb ein „ungenügend". Nach der Stunde geht Sebastian zu ihm und erklärt ihm, dass nur er selbst diese Note verdiene, da er als einziger abgeschrieben habe. Er bittet seinen Lehrer, die Arbeit von Jan neu zu bewerten.

Miriam ist fünfzehn Jahre alt. In ihrer Klasse unterrichtet ein Lehrer Geschichte, der keine Gelegenheit auslässt, die jungen Mädchen der Klasse zu berühren. Er streichelt sie am Arm oder legt seinen Arm um ihre Schultern und lässt diese und andere Gesten ganz freundschaftlich aussehen. Die Mädchen spüren aber, dass mehr dahinter steckt. Sie wagen es nicht, ihm diese Berührungen zu untersagen, denn sie haben Grund zu der Befürchtung, dass er sie dafür mit schlechten Noten bestrafen würde. Sie überlegen, ob sie zum Vertrauenslehrer gehen und sich dort Hilfe holen sollen. Aber sie wissen, dass der Vertrauenslehrer mit ihrem Geschichtslehrer privat befreundet ist …

Das Leben stellt uns immer wieder einmal vor Situationen wie diese: Eigentlich wissen wir in den meisten Fällen intuitiv, Recht und Unrecht klar zu unterscheiden; und was wir da gerade erleben, fällt deutlich in die Kategorie „Unrecht". Unternehmen wir aber etwas dagegen, riskieren wir persönliche Nachteile.

Sebastian riskiert, für den Betrug bestraft zu werden, und sei es „nur" mit einer Gardinenpredigt und der Missbilligung des Lehrers.

Miriam riskiert schlechtere Noten oder Repressalien, wenn sie gegen die Übergriffe ihres Geschichtslehrers etwas unternimmt.

So entsteht ein innerer Konflikt zwischen dem Wunsch, sich für das einzusetzen, was als richtig erkannt wurde, und der Angst vor den möglichen Folgen für das eigene Wohlergehen. Wir bewundern Menschen, die sich ungeachtet drohender persönlicher Nachteile für das einsetzen, woran sie glauben. Und wir brauchen solche Menschen, denn sie bilden das soziale Gewissen einer Gesellschaft, in der selbstbezogen und kurzfristig gedacht wird. Wenn unsere Kinder lernen, sich verantwortungsbewusst zu verhalten und für das einzutreten, was wir im Grunde unseres Herzens alle als „fair" oder „richtig" empfinden, kommt das allen zugute: der Gesellschaft als solcher, weil sie erst durch die gemeinsamen Interessen und Werte zur Gemeinschaft wird und den Kindern, weil sie sich für ihr Tun selbst achten können.

Manchmal fällt es aber schwer, die Angst zu überwinden. Denn die Folgen, die wir für uns befürchten, wenn wir Zivilcourage zeigen, können sehr real und bedrohlich sein. Wenn wir uns dennoch einsetzen für das, was wir als gerecht oder richtig empfinden, geht das nur mit Disziplin.

Anerkennen eigener Grenzen

Julius spielt leidenschaftlich gern Tischtennis. Er gehört einem Verein an, der regelmäßig Turniere veranstaltet. Julius hat dabei noch nie einen Preis gewonnen. Jedes Mal hofft er auf eine bessere Platzierung, aber seine Leistungen bleiben mittelmäßig. Während der letzten zwei Jahre hat er viel trainiert; trotzdem konnte er seine Spielfähigkeiten nicht wesentlich verbessern. Sein Freund spielt entschieden erfolgreicher, obwohl er weniger trainiert. Nach einem frustrierenden Ergebnis beim letzten Turnier überlegt sich Julius nun, das Tischtennisspiel ganz aufzugeben.

Daniela ist Legasthenikerin. Sie leidet darunter, so viele Fehler zu machen, zumal die anderen Kinder sie deswegen manchmal hänseln. Sie schämt sich für ihre schwachen Leistungen und verliert die Lust am Lernen.

Johann kommt aus einer Familie, die finanzielle Probleme hat. Seine Eltern können ihm nicht bieten, was manche seiner Freunde geboten bekommen. Jetzt ist er zu einer Halloween Party eingeladen. Einige Freunde von ihm haben von ihren Müttern bereits tolle Kostüme gekauft bekommen. Dafür haben Johanns Eltern aber kein Geld. Deswegen überlegt er, zu Hause zu bleiben und sich bei seinem Gastgeber mit einer Erkältung zu entschuldigen.

Uns allen sind Grenzen gesetzt. Es gibt immer jemanden, der jeweils klüger, schöner, geschickter, erfolgreicher, glücklicher, beliebter usw. ist als wir selbst. Keiner kann immer der Erste sein. Vielmehr machen die meisten Menschen diese Erfahrung nie. In einer Gesellschaft jedoch, in der Ansprüche ins Maßlose zu steigen scheinen, bedarf es schon einer ganz gehörigen Portion Disziplin, sich zu bescheiden und zufrieden zu sein mit dem, was man ist und hat. Zumal ja auch eine Menge Erwartungen von außen an den Einzelnen herangetragen werden. Schließlich wünschen sich alle Eltern kluge, schöne, liebenswerte, talentierte und erfolgreiche Kinder. Unsere Kinder übernehmen diese Wünsche und stellen dann entsprechende Ansprüche an sich selbst. Wenn sie damit scheitern, haben sie gleich doppelt verloren: in den Augen der anderen und in ihren eigenen.

Natürlich sollen wir unsere Kinder anspornen, ihnen Mut machen, ja, auch Leistung von ihnen fordern. Aber selbstverständlich nur im Rahmen der jeweiligen Möglichkeiten. Grenzen existieren immer und für jeden: Wir sollten sie anerkennen und nichts Unmögliches fordern, weder von uns selbst, noch von unseren Kindern. Und wir sollten lernen, zufrieden zu sein. Horst-Eberhard Richter schreibt: „Ich habe die große Erleichterung verspürt, eigene Mängel als von außen aufgebürdete Last durchschauen und mich fortan weniger schuldig fühlen zu können." Aber wir leben in einer Zeit, in der auch natürliche Grenzen nicht akzeptiert werden. Die größte und bedrückendste Grenze ist unsere eigene Endlichkeit. Der moderne Mensch erlebt es als inakzeptable Kränkung, unvermeidbar sterblich zu sein. Der Tod hat in unserer Gesellschaft seinen Selbstverständlichkeitscharakter verloren.

Wir tun unseren Kindern keinen Gefallen, wenn wir vorgeben, alles sei machbar. Denn das ist es nicht. Nur, wir wollen es nicht glauben. Wie sonst ließe sich erklären, dass erwachsene und intelligente Menschen Jahr für Jahr bis zum Herzinfarkt ihre Grenzen überschreiten? Dass sie Essstörungen entwickeln oder sich unter das Skalpell von Schönheitschirurgen begeben, weil sie ihren Körper nicht mögen? Wir haben Probleme, unsere Grenzen zu akzeptieren. Lieber quälen wir uns, als sie anzuerkennen. Es wäre wünschenswert und sinnvoll, unseren Kindern Derartiges zu ersparen. Sie sollten lernen, sich selbstverständlich mit dem Möglichen zu bescheiden, statt um jeden Preis das Unmögliche anzustreben. Es kann nicht angehen, dass sich ein Kind nur mit den Besten zu vergleichen lernt. Viel sinnvoller ist es, wenn es lernt, sich mit sich selbst zu vergleichen.

So könnte Julius beispielsweise zufrieden feststellen: Ich bin zwar nicht so gut wie andere, aber ich habe mich in den letzten beiden Jahren immerhin etwas verbessert. Ich habe das Beste aus meinen Möglichkeiten gemacht. Und das ist toll!

Die größten Siege sind die, die wir über uns selbst davontragen. Stephen Covey schreibt: „Private Siege stehen vor öffentlichen Siegen." Darum sollten wir den Kindern beibringen, ihre Möglichkeiten auszuschöpfen und das Beste aus dem zu machen, was ihnen von der Natur mitgegeben wurde. Wir sollten sie lehren, damit zufrieden zu sein und weder von sich noch von anderen Unmögliches zu verlangen. Und mit ihnen auch über das Sterben sprechen.

Gefühlsmanagement

Melissa erhält eine Klassenarbeit in Mathematik zurück und erschrickt: Sie hat eine Fünf geschrieben. Dabei hatte sie für diese Arbeit gelernt. Sie fühlt sich deprimiert und zweifelt an sich. Als sie mittags nach Hause kommt, macht sie ein langes Gesicht und mag nichts essen. Ihre Mutter findet es nicht tragisch, dass Melissa mal eine schlechte Note erhalten hat, und versucht sie zu trösten. Aber Melissa lässt sich nicht aufmuntern, sie geht in ihr Zimmer und leidet. Als später eine Klassenkameradin anruft und sie zum Minigolf einladen will, lehnt Melissa ab. Sie ist dafür nicht in Stimmung.

Artur ist vor Wut außer sich: Er hat seinem Freund in der Pause seinen Gameboy ausgeliehen, und der hat das Gerät aus Ungeschicklichkeit fallen lassen. Jetzt funktioniert es nicht mehr. Artur beschimpft seinen Freund auf übelste Weise und tritt nach ihm.

Beiden Kindern ist gemeinsam, dass sie sich von ihrem jeweiligen Gefühl beherrschen lassen. Melissa pflegt ihre Selbstzweifel und lässt sich von ihrem Misserfolg gänzlich niederdrücken. Artur lebt seine Wut hemmungslos aus und lässt sich zu destruktivem Verhalten hinreißen. Beide Kinder tun sich damit selbst keinen Gefallen. Denn was nutzt es, wenn Melissa hungert und sich die Freude einer gemeinsamen Aktivität mit der Freundin versagt? Was hat sie davon, den Nachmittag allein und trübselig in ihrem Zimmer herumzusitzen? Es wird ihre Leistung nicht verbessern, wohl aber ihre Selbstzweifel verstärken und damit die Wahrscheinlichkeit erhöhen, dass sich der Misserfolg wiederholt. Und was bringt es Artur, seinen Freund zu beleidigen und zu treten? Er kann auf diese Weise seinen Gameboy nicht reparieren, wohl aber seine Freundschaft zerstören. Beide Kinder verhalten sich undiszipliniert, indem sie sich dem jeweiligen Gefühl völlig überlassen. Sie sind überwältigt von ihren Emotionen und werden davon überflutet. Sie benehmen sich wie die Sklaven ihrer Stimmungen, weil sie sich ihrem Gefühl ausliefern. Sie sind nicht Herr der Situation. „Es" geht mit ihnen durch. Sich von seinen Gefühlen überwältigen zu lassen ist emotional unklug. Die beiden Kinder, Melissa und Artur, haben ganz konkrete Nachteile dadurch. Könnten sie sich besser beherrschen, wäre es ihnen möglich, anders und konstruktiver mit der betreffenden Situation umzugehen.

Wie die neuere Forschung zeigt, besitzt die Fähigkeit, sich zu beherrschen, wohl noch weitere Vorteile: Sie hat unmittelbaren Einfluss auf die Glücksfähigkeit eines Menschen. Wenn Sie Ihren Kindern beibringen, die eigenen Gefühle zu steuern, statt sich ihnen passiv zu überlassen, tragen Sie viel zum Glück Ihrer Kinder bei. Denn die Natur hat uns Menschen so geschaffen, dass wir alle empfänglicher für negative als für positive Gefühle sind. Negative Gefühle können sowohl schneller ausgelöst als auch intensiver empfunden werden. Das ist eine biologische Programmierung, die sich im Laufe der Evolution bewährt hat; denn es sind selten die positiven Gefühle, die das Überleben sichern. Negative Gefühle wie Wut oder Angst hingegen können für die Arterhaltung sehr nützlich sein, da sie zum Kampf oder zur Flucht motivieren. Es hat sich also im Laufe der Evolution keine Kultur des Glücklichseins herausgebildet, dafür aber die Fähigkeit zum raschen und intensiven negativen Empfinden. Starke negative Gefühle sollten das Individuum so quälen, dass es zu einer raschen Handlung bereit war.

Dieser Mechanismus hat sich in der Geschichte der Menschheit einst als sehr hilfreich für das Überleben der Art erwiesen. Aber nun sieht die Welt des modernen Menschen anders aus als damals. Was sich in der Frühgeschichte der Menschheit als vorteilhaft herausgebildet hat, kann unter den veränderten Lebensumständen der Gegenwart durchaus einen hinderlichen Ballast darstellen. Kampf und Flucht haben ihren herausragenden Stellenwert für das Überleben des Individuums mittlerweile eingebüßt. Es bringt uns keinen biologischen Vorteil mehr, unangenehme Gefühle schneller und intensiver zu erfahren als Glück. Im Gegenteil. Schlechte Gefühle erzeugen Stress, und Stress schadet: sowohl der Lebensqualität als auch der Gesundheit. Gute Gefühle haben hingegen eine Fülle von Vorteilen:

- Sie heben die Lebensqualität.
- Sie regen das Immunsystem an und dienen somit der Gesundheit.
- Sie erleichtern das Denken und machen kreativer.
- Sie steigern die soziale Kompetenz, weil glückliche Menschen positiver mit anderen umgehen können.

Es wäre also nur klug, wenn wir uns gezielt um gute Gefühle bemühen würden. Wir tun unseren Kindern und uns selbst gut, wenn wir lernen, das Glück zu kultivieren. Dafür stehen uns zwei grundsätzliche Wege offen:

1. Wir können gezielt etwas gegen schlechte Gefühle und Stimmungen unternehmen, statt uns ihnen hinzugeben und auszuliefern.

2. Wir können positive Gefühle bewusst und gezielt hervorrufen.

Melissas Mutter beschließt, etwas gegen die schlechte Stimmung ihrer Tochter zu unternehmen. Sie schleppt sie mit zum Einkaufen, obwohl Melissa sich zunächst sträubt, und lädt sie danach zum Eis ein. Sie lenkt gezielt Melissas Aufmerksamkeit auf Positives: die Blumen in der Fußgängerpassage, den Jongleur, der dort seine Kunststücke zeigt, die witzigen Sprüche auf den Grußkarten im Drehgestell vor dem Schreibwarenladen, den intensiven frisch-fruchtigen Geschmack des Speiseeises usw. Melissas Miene heitert sich zusehends auf. Als sie am späten Nachmittag nach Hause kommen, lachen Melissa und ihre Mutter sogar zusammen herzhaft über den Nachbarshund, der auf drollige Art gegen den Gartenschlauch kämpft. Melissa wirkt wieder ganz gelöst. Sie hat nun inneren Abstand zu ihrem Misserfolg. Am Abend sehen sich Mutter und Tochter die schlechte Mathematikarbeit noch einmal gemeinsam an und besprechen, was zu tun ist, damit die nächste Klassenarbeit ein Erfolg werden kann. Die Mutter spricht mit Melissa auch über die Gefühle, die der Misserfolg in Melissa ausgelöst hat und erklärt, warum sie darauf bestanden hat, dass Melissa sie bei ihrem Einkauf begleitet.

Arturs Klassenlehrer betritt den Raum und sieht, wie Artur seinen Freund tritt. Der Lehrer geht sofort dazwischen und erklärt Artur unmissverständlich, dass er ein solches Benehmen nicht duldet. Nach der Stunde lässt er Artur und seinen Freund zu sich kommen und bespricht die Situation. Beide Jungen müssen sich entschuldigen: Artur für seinen hemmungslosen Zornausbruch und der Freund für seine Ungeschicklichkeit. Sie finden eine Lösung, die von beiden Jungen als fair empfunden wird.

Es lohnt sich, wenn wir unseren Kindern auch im Bereich der Gefühle Disziplin abverlangen. Wir verhelfen ihnen damit zu größerer Souveränität und tragen zu ihrem Glück bei.

Umgang mit Überfluss

Lena ist drei Jahre alt und hat unzählige Spielsachen in ihrem Kinderzimmer. Die Regale sind voll mit Kuscheltieren, Puppenstube, Puzzles und Konstruktionsspielzeug aller Art. Sie weiß nicht, was sie spielen soll und läuft quengelnd den Erwachsenen zwischen den Beinen herum.

Der achtjährige Patrick sitzt mit seinen Eltern bei Tisch. Das Essen schmeckt ihm nicht, und er bittet um etwas anderes. Er erhält es. Aber er isst davon kaum etwas. Nach Tisch holt er sich eine Tafel Schokolade aus dem Schrank und isst sie ganz auf, während er seine Hausaufgaben erledigt.

Die zehnjährige Regina spielt seit zwei Monaten Volleyball. Davor hat sie einige Wochen lang Tennis gespielt, davor Gitarre, davor Tischtennis … Jetzt überlegt sie sich, dass sie gern mal Klavier spielen möchte.

Eigentlich müsste die Welt für unsere Kinder ein Paradies sein oder eine Art Schlaraffenland, weil es alles gibt, wonach sich ein Kinderherz sehnen könnte. Himbeeren mitten im Winter? – Warum nicht, wenn die Kleinen doch Appetit darauf haben?! Ein neues Computerspiel? – Sicher, wenn es ihnen doch so viel Freude macht …

Wir leben in einer Konsum- und Überflussgesellschaft mit allen Vor- und Nachteilen. Und ganz sicher stellt diese Tatsache besondere Anforderungen an die Erziehungsarbeit. Denn wir können angesichts des Überflusses unsere Kinder nicht erziehen, wie man die Generation unserer Eltern erzogen hat, als nach dem Krieg Mangel herrschte und die Menschen darum rangen, sich wieder eine Existenz aufzubauen. Von unseren Eltern haben wir in der Regel nicht lernen können, wie man mit Überfluss umgeht. Aber unsere Kinder müssen wir es lehren. Darin besteht die Schwierigkeit. Überfluss ist etwas Wunderbares, wenn man damit umgehen kann, und ein Fluch, wenn man es nicht kann. Zum Segen wird der Überfluss nur für den, der sich darauf versteht,

- sich zu entscheiden
- mit der Entscheidung zu leben, d. h. konsequent dabei zu bleiben
- auf alle Alternativen zu verzichten, die mit der getroffenen Entscheidung ausgeschlossen wurden.

Nur weil alles zu haben ist, bedeutet das nicht, dass wir alles haben können. Im Gegenteil: Weil alles zu haben ist, mag es um so schmerzlicher sein, sich zu entscheiden und damit zu beschränken. Haben wir uns entschieden, sehen wir zugleich, was uns alles entgeht. Überfluss fordert bewussten Verzicht. Wir sind aber von der Natur nicht für Verzicht geschaffen, sondern für „immer noch mehr". Das hat mit unserem einstigen Kampf ums Überleben zu tun und stammt aus einer Zeit, als Nahrungsmittel und anderes Lebensnotwendiges nicht selbstverständlich in genügender Menge zur Verfügung standen. Damals war es überlebenswichtig, sich zu nehmen, was immer man haben konnte. Heute kommen wir mit dieser Strategie in Teufels Küche: Wir verschulden uns bis über beide Ohren, werden fettleibig und haben Stress, weil wir nicht „nein" sagen können zu all den verführerischen Alternativen. Wir möchten alles haben, alles genießen und alles tun, was möglich ist. Aber es ist eben nicht alles möglich, was möglich scheint. Und diese Einsicht konsequent zu leben, erfordert Disziplin.

Zwei Fähigkeiten brauchen unsere Kinder in der Überflussgesellschaft:

1. Sie müssen in der Lage sein herauszufinden, was sie wollen, und sich zu entscheiden. Man kann nun mal nicht Geige spielen und Klavier und Tennis und Volleyball ... Man kann beim Italiener nicht alle Eissorten gleichzeitig genießen. Man kann nicht gleichzeitig am Computer sitzen, fernsehen, Hausaufgaben machen, Freunde treffen ... Unsere Kinder müssen bewusst entscheiden und die Konsequenzen tragen. Wer sich für ein Instrument entschei-

det, sollte zumindest eine ganze Weile dabei bleiben und konsequent üben; wer sich mit einem Freund verabredet hat, sollte diese Verabredung auch einhalten, selbst wenn er plötzlich Lust auf etwas anderes bekommt usw.

2. Kinder müssen lernen, Verzicht zu üben und es aushalten, dass sie nicht alles haben und tun können. Wer sich für eine Alternative entscheidet, schließt damit die anderen aus. Es genügt, *ein* Instrument zu spielen, dann aber fleißig zu üben. Es genügt, *eine* Sportart zu betreiben, diese aber mit Begeisterung und entsprechendem Einsatz. Es genügt, *eine* Kugel Eis zu bestellen, dafür aber eine, die man wirklich gerne mag.

Unsere Kinder sind heutzutage so wenig daran gewöhnt, Verzicht zu üben, dass sich Alltag und Feste kaum noch voneinander unterscheiden. Denn wir haben uns angewöhnt, kindliche Bedürfnisse rasch (unsere Kinder mögen und können ja nicht warten) und oft im Übermaß zu befriedigen. Die Fähigkeit, sich zu entscheiden und zugleich Verzicht zu üben, fordert uns allen viel Disziplin ab. Kinder sind mit dem Überangebot in allen Bereichen zunächst überfordert. Sie brauchen unsere Hilfe, damit sie lernen, davon zu profitieren, statt sich im Konsum selbst zu verlieren.

Elterlicher Selbstschutz

Es ist noch gar nicht so lange her: Ich lief in unserem Haus durch den Kellergang, der nur spärlich beleuchtet war und hatte meine Arme voller Wäsche, so dass ich meine eigenen Füße nicht sehen konnte. Da passierte es: Ich stolperte über das Trampolin, das die Kinder achtlos im Gang hatten stehen lassen, verlor das Gleichgewicht und zog mir beim Sturz mehrere Blutergüsse und Schürfwunden zu.

Ein Kunde von mir ruft zu Hause an, und eine meiner Töchter nimmt das Gespräch entgegen. Sie macht aber keine

Notizen für mich und vergisst völlig, mich über den Anruf meines Kunden zu informieren, so dass ich nicht zurückrufen kann. Ich erfahre erst zwei Wochen später von dem Kunden selbst, dass er vergeblich versucht habe, mich zu erreichen. Der Kunde wirkt verärgert, und unsere Mitarbeit wird erschwert, weil ich nicht zur Verfügung stand, als er mich brauchte.

Als Daniela mittags von der Schule nach Hause kommt, ist sie schlecht gelaunt. Sie hat als Legasthenikerin große Mühe gehabt, im Deutschunterricht mitzuarbeiten und fühlt sich jetzt frustriert und müde. Die Mutter merkt ihr die schlechte Stimmung gleich an und geht darum besonders liebevoll mit ihr um. Als sie beim Essen fragt, ob Daniela lieber Salat oder Gemüse auf ihren Teller haben wolle, antwortet Daniela: „Ich will gar nichts, das schmeckt doch alles eklig." Die Mutter fühlt sich verletzt und verärgert. Daniela lässt offensichtlich ihre schlechte Laune an ihr aus.

Dies sind nur einige Beispiele dafür, welche Probleme sich für Eltern ergeben können, wenn sich ihre Kinder im häuslichen Zusammenleben undiszipliniert verhalten. Ich bin ganz sicher, dass die meisten meiner Leser diese Liste beliebig fortsetzen könnten. Und ich meine, die Kinder haben kein Recht, die Erwachsenen so gedanken- und rücksichtslos zu behandeln. Im Zusammenleben von Erwachsenen und Kindern gibt es Pflichten für *beide* Seiten. Es kann nicht angehen, dass Eltern sich von ihren Kindern schlecht behandeln lassen.

Wenn Sie als Elternteil dem Kind rücksichtsloses Verhalten, Respektlosigkeit oder gar Unverschämtheiten durchgehen lassen, schaden Sie sich zunächst einmal selbst. Sie sind der Leidtragende und haben konkrete Nachteile. Es kann enorm anstrengend und belastend sein, mit jemandem zusammen zu leben, der keine Rücksicht nimmt oder sich respektlos verhält. Wir würden uns von einem anderen Erwachsenen eine derartige Behandlung niemals gefallen lassen und uns darüber empören. Aber ihren Kindern scheinen viele Eltern ein solches Verhalten widerspruchslos durchgehen zu lassen. Manchmal kann man sich nur wundern, welche persönlichen Grenzverletzungen Erwachsene ihren Kindern gestatten und welche Zumutungen sie selbstverständlich hinzunehmen bereit sind.

Damit schaden diese Eltern langfristig auch dem Kind. Denn obgleich es in der jeweiligen aktuellen Situation aus seinem Verhalten Vorteil zieht, dürften die langfristigen Folgen sehr negativ sein: Es verliert nämlich den Respekt vor den Eltern. Wenn Sie das zulassen, verlieren Sie den Einfluss auf Ihr Kind, den Sie brauchen, um Ihrer Erziehungsaufgabe nachkommen zu können. Denn wenn Ihr Kind Sie nicht respektiert, wird es auch nicht auf Sie hören. Und seien Sie sicher: Ihr Kind wird Sie mit der Zeit heimlich oder sogar offen verachten, wenn Sie ihm wieder und wieder erlauben, Sie rücksichts- und respektlos zu behandeln. Indem Sie so etwas zulassen, sabotieren Sie Ihre eigene Erziehungsarbeit! Sie können die natürliche Autorität, die Sie zur Erfüllung Ihrer Erziehungsaufgabe benötigen, nur erhalten, wenn Sie von Ihren Kindern den Respekt einfordern, der Ihnen als erwachsenem Menschen zusteht.

Und Sie schaden Ihrem Kind auch noch auf eine weitere Weise: Hat es erst einmal die Achtung vor Ihnen als Elternteil verloren, ist auch seine eigene Selbstachtung gefährdet. Es dürfte nämlich schwer fallen, sich selbst zu respektieren, wenn man seine eigene Herkunftsfamilie gering schätzt.

Somit liegt es nicht nur in unserem Interesse, sondern auch im ureigenen Interesse unserer Kinder, dass sie sich uns gegenüber respektvoll und diszipliniert verhalten.

3. Wie sind Disziplin und Freiheit vereinbar?

„Zucht und Ordnung" ist ein Begriffspaar, mit dem sich ungute Gefühle verbinden. Das kann nicht verwundern, da sie, wie ich im zweiten Kapitel beschrieben habe, lange Zeit dazu dienten, die gesellschaftliche Ordnung zu stabilisieren – eine Ordnung, in der die Menschen von der Obrigkeit in Unmündigkeit gehalten und fremdbestimmt wurden. Sie waren keine Bürger, sondern Untertanen. So dienten „Zucht und Ordnung" dazu, eine Herrschaftsordnung aufrechtzuerhalten, die dem Einzelnen kaum Freiheit zugestand. Kinder wurden für dieses System zurechtgebogen.

Heute hat sich unser Verständnis von Bürgertum vollständig gewandelt. Wir gehen nicht mehr von einer Weltordnung aus, an deren Spitze der von Gott eingesetzte Herrscher steht, der seine Untertanen regiert, die ihm Gehorsam schulden. Wir wählen unsere Regierenden selbst und können sie auch wieder abwählen. Wir betrachten uns als selbstverantwortlich für unser Schicksal in dieser Welt. Gefragt ist der mündige Bürger, der selbstständig Entscheidungen trifft und politische Verantwortung trägt; der zur Wahl geht und sich für seine Belange aktiv engagiert, statt gehorsam Vorschriften zu befolgen. Die Rechte des Einzelnen, wie beispielsweise seine Meinungsfreiheit, gelten uns als höchstes Gut und sind in der Verfassung verankert.

Man könnte daraus schließen, dass die alten Erziehungsideale „Zucht und Ordnung" für das moderne Verständnis von Bürgertum nicht mehr taugen. Und nicht wenige Eltern sehen es auch so. Sie befürchten, durch autoritäres Einfordern von Zucht und Ordnung entwicklungshemmend auf ihr Kind einzuwirken und es in seiner Persönlichkeitsentfaltung zu behindern. Deswegen verzichten sie lieber auf die Forderung nach diszipliniertem Verhalten. Sie wollen ihrem Kind alle Freiheit geben, damit es sich auf die ihm gemäße Weise entwickeln kann und ganz es selbst wird, statt zum Produkt elterlicher oder gesellschaftlicher Forderungen.

Das ist richtig und falsch zugleich. Obwohl unser Ziel die größtmögliche Freiheit des Einzelnen ist, kommen wir auch heute in der Erziehung nicht ohne Zucht und Ordnung aus. Denn Disziplin und Freiheit sind keine Gegensätze, sondern Disziplin macht Freiheit und den nutzbringenden Gebrauch von Freiheit erst möglich: Zum einen benötigen wir Disziplin, um uns Spielräume zu schaffen, zum anderen ermöglicht uns Disziplin, diese Spielräume nach unseren Vorstellungen zu gestalten.

Die Notwendigkeit von Freiräumen

Die neunjährige Amelie und der sechsjährige Sven sind Geschwister. Wer sie ansieht, würde das nicht vermuten, denn die beiden sehen sich fast gar nicht ähnlich. Und sie sind auch von ihrem Wesen her grundverschieden. Die Eltern der beiden haben dem immer Rechnung getragen. Beide Kinder dürfen das leben, was in ihnen angelegt ist.

Amelie ist ein ruhiges Kind, das sich stundenlang hingebungsvoll in seinem Zimmer beschäftigen kann. Sie liebt außerdem die Natur. Daher hat sie in ihrem Zimmer genug Regale für all die Basteleien und Spielsachen, die sie so gern mag. Ihre Eltern lassen sie ganz in Ruhe, wenn sie sich dorthin zurückzieht. Außerdem darf sie ein kleines Beet im Garten selbst bepflanzen, ganz nach ihren Vorstellungen.

Sven hingegen braucht viel körperliche Bewegung. Er liebt es, mit seinen Freunden herumzutollen und Kräfte zu messen. Daher haben seine Eltern ihm einen Raum zum Toben im Keller überlassen und ihn im örtlichen Sportverein angemeldet.

Beide Kinder sind ausgeglichen und fröhlich. Sie scheinen in sich selbst zu ruhen.

Wer glückliche Kinder will, darf sie nicht verbiegen. Es hat keinen Sinn, ein Kind zum Klavierspiel zu zwingen, das kein Interesse an Musik hat. Es ist grausam, ein Kind aufs Gymnasium zu schicken, das sich dort abquält, weil ihm das Lernen schwer fällt. Unsere Kinder brauchen Freiräume, um sich wohl zu fühlen. Und nur sie selbst spüren, wann sie sich wohl fühlen. Sie wollen entscheiden, was sie morgens anziehen, mit wem sie spielen oder welchen Freizeitaktivitäten sie nachgehen. Und wir sollten ihnen so viele Freiheiten wie möglich gewähren, sollten sie mitbestimmen lassen, wo immer es geht. Das ist aus mehreren Gründen sinnvoll und notwendig:

- Kinder sind glücklicher, wenn sie bekommen, was sie tatsächlich brauchen und nicht das, von dem die Eltern annehmen, dass sie es brauchen. Unsere Kinder sind Persönlichkeiten und nur sie können wissen, was sie erfüllt und glücklich macht.
- Unsere Kinder müssen sich eines Tages in einer Welt nahezu unbeschränkter Wahlmöglichkeiten zurechtfinden. Wie sollen sie das schaffen, wenn wir ihnen nicht von früh auf Handlungsspielräume zugestehen und sie somit lehren, verantwortungsvoll mit dieser Freiheit umzugehen?
- Es entspricht der Natur des Menschen, die Dinge nach seinen Vorstellungen zu gestalten. In der Kreativität finden wir höchstes Glück. Der Psychotherapeut Karlfried Graf Dürkheim hat geschrieben: „Es steht der Mensch in einem doppelten Auftrag: die Welt zu gestalten im Werk und zu reifen auf dem inneren Weg." Diesen Auftrag können wir aber alle nur erfüllen, wenn uns gewisse Freiräume zur freien Gestaltung zur Verfügung stehen. Und nur so finden wir selbst Erfüllung.

Das sind lauter gute Gründe, Kindern Freiheiten zu gewähren. Natürlich kann diese Freiheit nicht grenzenlos sein.

Amelie hat sich seit Tagen in ihr Zimmer zurückgezogen. Sie baut mit Hingabe aus Schuhkartons kleine Wohnungen für ihre Puppen, schneidert für sie Kleidung und bastelt sehr kreativ das Mobiliar aus Dingen, die sie im Hausmüll findet. Die Eltern möchten, dass Amelie mal an die Luft kommt und sich ein bisschen bewegt. Amelie protestiert, aber die Eltern bestehen darauf und nehmen sie auf einen Spaziergang mit.

Sven spielt lautstark im Keller. Der Vater hat sich im Raum darüber hingelegt. Er ist krank und fühlt sich elend. Die Geräusche, die zu ihm aus dem Keller dringen, empfindet er als störend. Sie hindern ihn am Einschlafen. Er geht daraufhin hinunter und verbietet seinem Sohn das laute Spiel.

In Amelies Fall wird die Grenze nötig, weil Amelie sich selbst schadet, wenn sie sich zu wenig bewegt. Daher haben die Eltern guten Grund, Amelies Freiheit zu beschneiden und sie auch gegen ihren Willen zum Spaziergang mitzunehmen. In Svens Fall schadet das Kind mit seinem Verhalten einem anderen Familienmitglied. Der Vater ist krank und braucht Ruhe, um sich erholen zu können. Daher hat er das Recht, Svens Freiheit zu beschränken. Die Freiheit unserer Kinder endet da, wo sie sich selbst oder anderen mit ihrem Verhalten schaden. Wir Erwachsenen haben die Aufgabe, darüber zu wachen, dass das nicht geschieht, gegebenenfalls Grenzen zu setzen und Disziplin von den Kindern zu fordern.

Auch im Umgang mit Freiheiten sind also „Zucht und Ordnung" gefragt. Wir müssen nämlich Ordnung in unser Denken bringen hinsichtlich

- der eigenen und fremder Bedürfnisse (was brauche ich? was braucht der andere?) und
- der Grenzen (was darf ich? und womit beschneide ich die Freiheit des anderen?)

Die „Zucht" kommt ins Spiel, wo wir uns diszipliniert an diesen Bedürfnissen und Grenzen orientieren und unser Handeln tatsächlich danach ausrichten.

Die Gefahren zu großer Liberalität

Die vierzehnjährige Sandra hat sehr viele Freiheiten und wird darin von ihren Eltern kaum je beschränkt. Sie darf abends lange fortbleiben, wenn sie mag, sie erhält ein großzügiges Taschengeld, mit dem sie tun kann, was sie will, die Eltern stellen keine Fragen und mischen sich nicht ein. Sandra wird von ihren Freunden in der Clique beneidet, weil sie „so tolle Eltern" hat, die sie in Ruhe lassen, statt ihr dauernd „reinzuquatschen". Tatsächlich ist Sandra aber keineswegs beneidenswert. Sie weiß nicht, was sie mit ihrer Freiheit anfangen soll und probiert wahllos aus, was sich ihr anbietet: Sie hat schon eine ganze Palette unterschiedlicher Drogen genommen, sie schwänzt die Schule, wenn ihr danach ist, sie macht ihre Aufgaben nur, wenn sie gerade Lust hat, und muss jetzt deswegen eine Klasse wiederholen, sie hat bereits sexuelle Erfahrungen mit wechselnden Partnern und einen großen Teil des Tages hängt sie herum, ohne dass sie etwas mit sich anzufangen wüsste. Ihre Eltern behandeln sie mit Nachsicht, weil sie meinen, die Pubertät sei eine schwere Zeit, in der man mit allerlei Problemen rechnen müsse, das sei normal und werde auch wieder vorbeigehen.

Wir sehen an Sandras Beispiel deutlich, was passieren kann, wenn wir aus falsch verstandener Großzügigkeit und Liberalität die Zügel zu lang lassen:

- Kinder sind mit zu großen Freiräumen überfordert und wissen sie nicht zu nutzen oder zu gestalten. Denn in die Freiheit muss man hineinwachsen, der Umgang mit ihr muss geübt werden. Wenn man Kindern zu viel Freiheit gewährt, treiben sie orientierungslos durchs Leben, probieren vielleicht wahllos Dinge aus und können sich damit unter Umständen sehr schaden.
- Kinder können verwahrlosen, wenn man sie sich selbst überlässt. Sie achten nicht mehr auf sich, vernachlässigen ihre körperlichen Bedürfnisse oder ihre Bildung und sorgen nicht gut für sich.

- Sie können sich vernachlässigt fühlen und den Eindruck bekommen, die Erwachsenen würden sich nicht für sie interessieren. Es kann nach einem ausgeprägten Desinteresse aussehen, wenn alles, was ein Kind sagt und tut, von den Eltern kommentarlos hingenommen wird. Ganz gleich, welche Gründe die Erwachsenen für ihr Verhalten haben mögen, – ihr Kind kann es als Gleichgültigkeit und Missachtung interpretieren. Das kann fatale Folgen haben: Manche Kinder reagieren darauf ebenfalls mit Geringschätzung der eigenen Person, und zwar unter dem Motto „Wenn sich meine Eltern nicht für mich interessieren, bin ich wohl nicht wertvoll und nicht wichtig." Diese innere Haltung kann zu selbstzerstörerischem Verhalten führen. Oder die Kinder tun alles, um für ihre Eltern wieder wichtig zu werden und ihre Aufmerksamkeit zurückzugewinnen. Sie werden dann verhaltensauffällig und provozieren, so gut sie können. Denn auch negative Zuwendung bedeutet, dass man Aufmerksamkeit bekommt und gesehen wird.
- Wer Freiheit ohne klare Grenzsetzung erfährt, neigt zu permanenten Grenzüberschreitungen. Das sind Kinder, die ihren Eltern auf der Nase herumtanzen, die ihren Freunden auf die Nerven gehen oder ihre Lehrer durch disziplinloses Verhalten zur Verzweiflung bringen. Kinder, die sich nirgends ein- oder unterordnen können, deren Verhalten nicht selten asoziale Züge aufweist.

Somit lässt sich zusammenfassen: Es ist paradox, wenn Eltern Angst vor entwicklungshemmender Autorität haben und deshalb auf jegliche Autorität verzichten; denn damit führen sie genau den Zustand herbei, den sie vermeiden wollen. Wenn Kindern zu wenig Grenzen gesetzt werden, dann schaden sie nicht nur anderen durch egoistisches und rücksichtsloses Verhalten. Sie selbst tragen den größten Schaden davon, weil der Mangel an Grenzen ihre Entwicklung behindert. So sind beispielsweise Kinder, die zu viel fernsehen, oft in ihrer Sprachentwicklung gestört, da sie zu wenig aktiv mit Sprache umgehen. Grenzenlose Liberalität bewirkt bei Kindern eine Entwicklungshemmung.

Sie lernen auf diese Weise viele Fertigkeiten nicht und auch nicht, mit sich selbst verantwortungsbewusst und klug umzugehen. Außerdem lernen sie nicht, gemeinschaftsfähig zu werden und mit anderen verantwortungsbewusst umzugehen. (s. Kapitel 3). Wer Kindern keine Richtung vorgibt und keine Disziplin von ihnen fordert, ruft wohlmeinend eine Leere in ihnen hervor, die sie orientierungslos macht und nach dem Lustprinzip agieren lässt. Das kann nicht im Interesse unserer Kinder sein, und auch nicht in unserem eigenen.

Die Gefahren der Verwöhnung

Der dreijährige Philipp hat Hunger. Er will eine von den Brezeln essen, die die Mutter nachmittags beim Bäcker besorgt hat. Er sitzt mit seinen Buntstiften und Malpapier am Tisch in der Küche und verlangt „Ich will eine Brezel". Die Mutter rührt gerade am Herd etwas, das leicht anbrennt und fordert ihn auf, sich die Brezel selbst aus dem Brotfach zu holen. Dazu hat Philipp aber keine Lust. Er will das Malen nicht unterbrechen und will nicht vom Tisch aufstehen. Er will, dass die Mutter die Brezel neben ihn auf den Tisch legt. Genau das tut sie auch, nachdem er eine Weile gequengelt hat.

Es ist Montagmorgen, und die neunjährige Diana trödelt. Eigentlich kann sie sich das heute gar nicht leisten, denn gleich in der ersten Schulstunde soll eine Klassenarbeit geschrieben werden. Diana ist gut darauf vorbereitet, die Eltern haben fleißig mit ihr geübt. Als sie trotz wiederholter Ermahnungen immer noch nicht zum Frühstück kommt, geht die Mutter zu ihr, hilft ihr beim Anziehen, kontrolliert noch einmal den Schulranzen und trägt ihn dann in den Flur, damit er griffbereit ist. Sie streicht ihrer Tochter schnell ein Brot, gießt ihr ein Glas Saft ein, hilft ihr nach dem Frühstück in die warme Jacke und setzt ihr auch den Ranzen auf. Weil sie feststellt, dass Diana sich nun trotz mütterlicher Unterstützung sehr sputen muss, um pünktlich zu kommen, holt sie das Auto aus der Garage und fährt Diana zur Schule.

Verwöhnendes Verhalten wie hier beschrieben gehört ebenfalls zu unserer Zeit genau wie die übertriebene Liberalität. Unsere Kinder liegen uns sehr am Herzen, wir wollen ihr Bestes. Und da in den meisten Familien nur wenige Kinder leben, haben die Eltern auch verhältnismäßig viel Zeit, sich dem Wohlergehen des einzelnen Kindes zu widmen. Sie tragen ihren Kindern alles mögliche hinterher, statt ihnen Pflichten aufzuerlegen. Viele Eltern würden alles für ihre Kinder tun, manchmal bis zur Selbstaufgabe. In vielen Familien werden die Kinder zum selbstverständlichen Mittelpunkt. Sie sind das Zentrum im Leben ihrer Eltern. Und die Kinder lernen infolgedessen Lektionen wie Philipp und Diana:

- Ich kann mich auf meine Eltern verlassen.
- Ich bin die wichtigste Person in der Familie.
- Meine Eltern tun alles für mich, ganz besonders das, was ich nicht selbst für mich tun will.
- Ich brauche mich nicht anzustrengen, wenn ich keine Lust dazu habe. Mir kann nichts passieren. Meine Eltern passen schon auf, dass alles gut geht. Ich kann mich also entspannt zurücklehnen und brauche mir keinerlei Gedanken zu machen.

Die Mütter in den obigen Beispielen nehmen gegenüber ihren Kindern eine dienende Position ein. Sie tun Dinge für ihre Kinder, die diese eigentlich längst selbst für sich tun könnten. Aber die Kinder wollen sie nicht tun, weil sie keine Lust dazu haben und nicht bereit sind, sich anzustrengen und Verantwortung für sich selbst zu übernehmen. Statt von ihren Kindern Disziplin zu fordern, nehmen diese Mütter ihren Kindern jede Anstrengung ab.

Nun ist es sicher angenehm für die Kinder, sich so behütet und aufgehoben zu fühlen. Ein Gefühl der Geborgenheit ist sinnvoll und notwendig. Wann immer unsere Kinder Probleme oder Kummer haben, sollten sie auf uns Erwachsene zählen können, auf unsere Liebe, unser Verständnis, unsere Unterstützung, die im Idealfall Hilfe zur Selbsthilfe sein sollte. Und während des ersten Lebensjahres dürfen wir unsere Kinder sogar hemmungslos verwöhnen, da sie in diesem Alter noch vollständig abhängig sind.

Aber Verwöhnung wird langfristig zum Fluch. Denn was wird passieren, wenn die Dienerschaft mal frei hat oder sogar kündigt? Dann dürften die jungen Herrschaften schnell überfordert sein; und sich vorkommen, als seien sie gerade aus dem Paradies vertrieben worden. Da sie nicht gewohnt sind, sich anzustrengen und Verantwortung zu übernehmen, werden sie sich schnell gestresst fühlen. Das Leben wird sie überfordern. Und weil sie es so bequem hatten, haben sie vermutlich auch viele Fertigkeiten gar nicht selbst entwickeln müssen. Man hat ihnen vieles abgenommen, statt ihnen beizubringen, es selbst zu tun. Und nun merken sie plötzlich: Die Welt kann kalt und ungemütlich sein. In der Wärme des elterlichen Treibhauses ist ihnen diese Tatsache entgangen, und sie wurden nur ungenügend auf das Leben in dieser Welt vorbereitet. Ich kenne Erwachsene, die als Kinder verwöhnt wurden und noch heute der irrigen Annahme sind, die Welt schulde ihnen etwas. Statt die Ärmel hochzukrempeln und die Dinge in Angriff zu nehmen, beschränken sie sich aufs Klagen und verstehen nicht, warum sich niemand um sie kümmert.

Verwöhnung ist eine Fehlform elterlicher Liebe; eine Form der Erziehung, die Freiheit liebevoll erstickt. Sie schadet mehr, als dass sie nützt. Sie verhindert Lernerfahrungen, weil den Kindern die Freiheit genommen wird, Handlungsräume selbstständig zu gestalten und dabei auch Fehler zu machen und die Konsequenzen des eigenen Handelns zu erfahren. Verwöhnung macht Kinder abhängig und hindert sie daran, Kompetenzen und ein gesundes Selbstbewusstsein zu entwickeln. Denn Kinder erfahren sich und die Welt im Handeln. Wer ihnen das Handeln abnimmt, betrügt sie um ihre Entwicklung zu Selbstständigkeit und innerer Stärke. Statt sie vor dem Leben zu bewahren, sollten wir es ihnen zumuten. Nur dann werden sie es bewältigen lernen.

Freiheit durch Disziplin

Die neunjährige Diana hat sich zum Geburtstag ein Puzzle gewünscht. Ihr Wunsch wurde erfüllt, und vor ihr liegt nun ein Puzzle mit mehreren hundert Teilen. Diana geht mit Feuereifer ans Werk. Sie findet auch einige Teile, die zusammenpassen, aber schon bald stellt sie fest, wie schwierig dieses Puzzle ist und wie viel Geduld es erfordert. Diana schiebt daraufhin frustriert den ganzen Karton unter ihr Bett. Sie hat keine Lust auf ein Puzzle, das so viel Mühe macht.

Was Diana offensichtlich noch nicht weiß: Befriedigung wird nur über Anstrengung erreicht. Und Konsum macht Menschen nicht glücklich, sondern innerlich leer. Aber Diana hatte vermutlich keine Gelegenheit, diese Lektion zu lernen, da sie in einem verwöhnenden Klima groß wird. Darum erwartet sie Genuss ohne Anstrengung. Ein solcher Genuss ist durchaus möglich, aber er macht nicht satt, er befriedigt nicht wirklich. Würde die Mutter das Puzzle für Diana zusammensetzen, hätte Diana bestimmt keine große Freude daran; würde sie das hingegen selbst tun, läge die Sache ganz anders und sie könnte sogar stolz auf sich sein, weil sie etwas Schwieriges vollbracht hätte.

Wer seine Bedürfnisse befriedigen möchte, muss etwas dafür tun. Darum setzt Bedürfnisbefriedigung Disziplin voraus. Es ist deshalb ganz und gar nicht sinnvoll, wenn Erwachsene ihren Kindern jeden Wunsch erfüllen. Das macht diese nicht glücklich, sondern stattdessen passiv und anspruchsvoll. Sie fordern dann mit der Zeit immer mehr und können doch nur vorübergehend zufriedengestellt werden. Indem sie sich daran gewöhnen zu fordern, werden sie nicht lernen, ihre Bedürfnisse selbst zu befriedigen. Sie haben dann nicht die Freiheit zu entscheiden, was sie bekommen oder was nicht. Wenn sie etwas wollen, brauchen sie andere, die es ihnen geben und ihnen helfen.

Diana will ein Puzzle legen. Sie hat aber nicht die Freiheit, sich die gewünschte Befriedigung zu verschaffen, die das

Puzzlelegen für sie beinhaltet; denn es mangelt ihr an der nötigen Disziplin, dranzubleiben und den Frust zu ertragen, der entsteht, wenn man minutenlang vergeblich ein Teil sucht, das man an einer ganz bestimmten Stelle anlegen möchte. Weil sie das nicht erträgt, kann sie bedauerlicherweise auch kein Puzzle legen, obwohl sie das möchte. Ihre Freiheit, sich die gewünschte Befriedigung zu verschaffen, ist eingeschränkt durch ihre Unfähigkeit zur Disziplin.

Marco Aldinger schreibt in seinem Buch „Geschichten für die kleine Erleuchtung": „Freiheit ist das zu tun, was man lassen kann." Das bedeutet: Wer selbst entscheiden kann, was er tun und lassen will, ist frei. Er besitzt die Freiheit der Wahl. Er schreibt das Drehbuch für sein Leben selbst.

Ich kenne Erwachsene, die nicht mal die Freiheit haben zu bestimmen, ob sie zum Zahnarzt gehen. Sie würden gern zum Zahnarzt gehen, weil sie das für notwendig und sinnvoll halten, aber sie können es nicht, weil sie Angst haben und diese Angst sie beherrscht.

Menschen ohne Disziplin sind Sklaven ihrer Triebe und Launen. Sie besitzen nicht die Freiheit zu wählen. Menschen ohne Disziplin sind Unlust-Vermeider. Sie halten schlechte Gefühle nicht aus und stellen sich nur ungern Situationen, in denen solche Gefühle entstehen könnten. Sie wissen damit nicht umzugehen. Und so schränkt diese Unfähigkeit ihre Wahl- und Handlungsfreiheit ein.

Disziplin ist es auch, die uns dabei behilflich sein kann, den Manipulationsversuchen und Verführungskünsten der Umwelt zu widerstehen. Wirtschaft und Industrie beispielsweise geht es keineswegs in erster Linie um das Wohl des Käufers, wenn sie für ihre Produkte werben. Wer diszipliniert ist, kann auch verlockenden Angeboten widerstehen, statt sich zum willenlosen und konsumsüchtigen Verbraucher machen zu lassen. Disziplinierte Menschen entscheiden selbst, was sie kaufen wollen.

Diana wünscht sich für ihr Zimmer einen CD-Player. Dafür muss sie sparen. Aber obwohl sie Taschengeld erhält und die

Großeltern ihr hin und wieder etwas Geld zustecken, bekommt sie die nötige Summe nicht zusammen. Denn viel zu oft lässt sie sich verführen, kleinere Dinge zu kaufen, für die ihr Geld schon reicht: einen neuen Ordner mit bunten Motiven, der ihr gefällt, ein paar Süßigkeiten, ein kleines Kuscheltier usw. Dies alles sind Spontankäufe, die sie davon abhalten, Geld für das zu sparen, was sie wirklich haben will.

Mit diszipliniertem Verhalten wird es uns möglich, unsere Ziele zu erreichen, unsere Bedürfnisse zu befriedigen und aus unseren Träumen Realität werden zu lassen. Disziplinierte Menschen können ihre Pläne umsetzen, weil sie in der Lage sind, sich dafür einzusetzen, Energien zu bündeln, Geduld aufzubringen und den Mut zu bewahren, auch wenn mal etwas nicht auf Anhieb gelingt. Liebe oder Kultur werden erst möglich durch die Fähigkeit, auf den augenblicklichen Lustgewinn zu verzichten. Ohne derartige Disziplin werden wir die unglücklichen Leibeigenen unserer Triebe und Launen. Disziplin hingegen kann uns frei machen. Und glücklich.

Freiheit und Verantwortung

Tarik ist elf Jahre alt und wurde zum Klassensprecher gewählt. Er ist sehr stolz darauf und fühlt sich wichtig. Als es darum geht, eine Klassenfeier zu organisieren, führt er das große Wort. Und auch als eine Klassenfahrt ansteht, hat er einige Vorschläge und kann sich damit durchsetzen. Er fühlt sich großartig. Dann jedoch haben mehrere Kinder in der Klasse Probleme mit einem der Lehrer. Sie bitten Tarik, mit ihnen zum Lehrer zu gehen, um mit ihm zu sprechen. Tarik ist das unangenehm. Er lehnt ab mit der Begründung, er sei persönlich von diesen Problemen nicht betroffen und hätte deshalb mit der ganzen Sache nichts zu tun.

Die fünfjährige Karoline hat von den Nachbarn zu Ostern ein ganzes Körbchen mit Schokoladeneiern geschenkt bekommen. Die Eltern erlauben ihrer Tochter, das Körbchen mit in ihr Zimmer zu nehmen und davon zu essen. Zum Mittagessen kann Karoline nichts essen, weil sie so satt ist von der Schokolade, und am Nachmittag muss sie sich übergeben, weil sie einfach zu viel davon gegessen hat.

Tarik hat sich zum Klassensprecher wählen lassen und nutzt diese Rolle zur Planung von gemeinsamen Aktivitäten. Hier bringt er seine Ideen und Wünsche ein. Er hat die Freiheit, die Rolle des Klassensprechers nach seinen Vorstellungen zu gestalten. Jedoch übersieht er, dass er damit auch Verantwortung übernehmen muss.

Karoline genießt es, ausnahmsweise so viel Schokolade essen zu dürfen, wie sie mag. Das ist eine Freiheit, die sie nur selten genießen darf. Ihr ist aber die Verantwortung noch nicht bewusst, die sie sich selbst gegenüber hat. Sie schadet sich mit ihrem hemmungslosen Genuss.

Wer über Freiheit verfügt, trägt auch Verantwortung, denn Verantwortung ist die Schwester der Freiheit. Und Freiheit ohne Verantwortungsgefühl führt schnell zum Missbrauch. Wo immer wir Spielräume zur Verfügung haben, sind wir verantwortlich für deren Gestaltung. Wir sind uns zumindest immer selbst verpflichtet, in vielen Fällen aber auch anderen Menschen. Die fünfjährige Karoline schadet mit ihrem Verhalten in erster Linie sich selbst; der elfjährige Tarik hingegen schadet den Klassenkameraden, weil er sich seiner Verantwortung nicht stellt.

Unsere Kinder streben nach mehr Freiheiten. Sie wollen abends länger fortbleiben, fordern mehr Taschengeld, wollen ihren Fernsehkonsum selbst bestimmen, ihre Freizeit nach ihren Vorstellungen gestalten usw. Das ist nur natürlich, und wir sollten ihnen, wie gesagt, so viel Freiheit zugestehen, wie möglich. Sie können aus diesen Freiheiten aber nur Nutzen ziehen, wenn wir ihnen zugleich vermitteln, dass die Freiheit auch die Gefahr einer falschen Entscheidung birgt und deswegen diszipliniertes Verhalten erfordert.

Tarik müsste sein Unbehagen und seine Angst vor dem Lehrer überwinden und seinen Klassenkameraden verantwortungsbewusst zur Seite stehen.

Karoline müsste der Versuchung widerstehen, all die leckeren Schokoladenostereier auf einmal zu essen.

Beiden Kindern mangelt es an Disziplin.

Unsere Kinder neigen dazu, Rechte und Freiheiten einzufordern, ohne die dazugehörigen Pflichten zu erkennen. Sie meinen, es sei wunderbar, Freiheiten zu genießen. Manchmal ist es das ja auch, aber manchmal wiegt die Last der Verantwortung schwer. Und diese Last bewusst auf sich zu nehmen, erfordert Disziplin. Rechte und Pflichten gehen Hand in Hand. Das sollten wir unseren Kindern vermitteln.

4. Wie können wir Disziplin heute verstehen?

Die fünfjährige Saskia hat eine Milcheiweißallergie und ihr Körper reagiert sofort heftig, wenn sie Lebensmittel zu sich nimmt, die Milcheiweiß enthalten. Sie achtet sehr diszipliniert darauf, solche Lebensmittel zu meiden. Wenn ihr beispielsweise bei einem Kindergeburtstag ein Stück Schokoladenkuchen angeboten wird, lehnt sie dankend ab.

Die Mutter der neunjährigen Martina verlangt von ihrer Tochter gute Umgangsformen. Wenn Martina sich beispielsweise für ein Geschenk nicht bedankt, wird sie sofort darauf hingewiesen, dass sie sich noch bedanken müsse.

Die vorangegangenen Kapitel lassen unmissverständlich erkennen, wie wichtig auch in der modernen Erziehung die Disziplin der Kinder ist. Wir sollten die alten Vorbehalte in Frage stellen und zum Nutzen unserer Kinder eine differenziertere Sichtweise der Disziplin einnehmen, statt aus falscher Angst vor Autorität die Kinder sich selbst zu überlassen.

Disziplin als Sekundärtugend

Unsere Vorbehalte kommen – wie bereits im zweiten Kapitel dargestellt wurde – nicht von ungefähr. Das Verständnis, das frühere Generationen von Disziplin hatten, ist in der Tat mit unserem heutigen Menschenbild unvereinbar. Denn damals wurde Disziplin praktiziert, um den „Eigensinn" der Kinder zu brechen. Zur Illustration möchte ich noch einmal zwei Beispiele zitieren, die sich in Katharina Rutschkys Buch über „Schwarze Pädagogik" finden:

Ein Vater verprügelt seinen kleinen Sohn und berichtet: „Ich kann wohl sagen, dass durch diesen Auftritt mein Herz gewaltig angegriffen wurde, teils, weil mich das Kind dauerte; teils weil ich mich über seine Hartnäckigkeit betrübte.

Bei Tisch konnte ich nicht essen, ließ die Mahlzeit stehen und ging zum Herrn Pfarrer, um mein Herz vor ihm auszuschütten. Da bekam ich nun wieder Trost. Er hat recht getan, lieber Herr Kiefer, sagte er zu mir. Wenn die Nessel noch jung ist, so kann man sie leicht ausraufen; lässt man sie aber lange stehen, so wachsen die Wurzeln, und wenn man sie hernach ausraufen will, so bleiben die Wurzeln stecken. Mit den Unarten der Kinder ist es ebenso. Je länger man ihnen nachsieht, desto schwerer sind sie hernach wegzubringen. Dass er den kleinen Starrkopf tüchtig durchgehauen hat, das war auch gut. Das wird er in einem halben Jahr nicht vergessen …

Da nun bei seinem Konrädchen die Hiebe noch im frischen Andenken sind, so rate ich ihm, dass er diese Zeit benutze. Wenn er nach Hause kommt, so kommandiere er ihn fein oft. Lasse er sich Stiefeln, Schuhe, die Tabakspfeife beiholen und wieder wegtragen; lasse er ihn die Steine im Hofe von einem Platz zum andern legen. Er wird alles tun und sich zum Gehorsam gewöhnen." (S. 158ff)

„Der Wille des Erziehers muss eine Burg sein, unzugänglich der List wie dem Trotz, und nur Einlass gewährend, wo Gehorsam an die Pforten klopft … denn Gesundheit und Lebenskraft eines politischen Gemeinwesens ruhen ebenso in der Blüte des Gehorsams gegen Gesetz und Obrigkeit wie in der vernünftigen Energie der Herrscher."

Damit wird unübersehbar, welches Ziel die Erwachsenen mit ihrer Disziplinierung der Kinder verfolgten: dem Herrscher gehorsame Untertanen zur Verfügung zu stellen; Untertanen, die der Vernunft des Herrschers blind vertrauten und sich jegliches eigenständige Denken versagten, um der Obrigkeit als willfähriges Werkzeug zu dienen – wofür auch immer. Die Kinder lernten, diszipliniert genau das zu tun, was von ihnen verlangt wurde.

Von ganz anderer Qualität hingegen ist die Disziplin der Kinder, die ich zu Beginn des Kapitels geschildert habe: Die fünfjährige Saskia lernt Verzicht, um ihre Gesundheit nicht zu gefährden; die neunjährige Martina lernt gute Umgangsformen, damit sie auf der Grundlage ihrer sozialen Kompetenz einen guten Kontakt zu anderen Menschen herstellen und befriedigende Beziehungen eingehen kann.

Mit der „alten" Disziplin wurde der Wille des Kindes gebrochen, sein „Eigensinn". Das Ziel bestand darin, einen Untertanen aus ihm zu machen. Dies war die Pflicht der Eltern gegenüber dem Herrscher und der bestehenden Ordnung. Mit der „neuen" Disziplin hingegen lehren wir ein Kind zweierlei:

1. ein verantwortungsbewusstes Mitglied der Gesellschaft zu werden.
   Kinder sollen sich anpassen, aber nicht unterwerfen. Sie müssen zwar die geltenden Regeln lernen, müssen sich in die bestehende Ordnung zunächst einmal einfügen. Der Unterschied zu früher ist aber: Wir wollen, dass sie eines Tages in der Lage sind, gesellschaftliches und politisches Geschehen aktiv mitzugestalten. Wir wollen, dass sie Verantwortung übernehmen und gegebenenfalls an einer neuen Gesellschaftsordnung mitarbeiten. Sie sollen die Fähigkeit besitzen, Veränderungen anzustoßen und durchzuführen, statt als bloßes Werkzeug der Herrschenden zu fungieren. Wenn wir sie heute Disziplin lehren, dann soll sie das in die Lage versetzen, dieser gesellschaftlichen Verantwortung gerecht zu werden und ihre Chancen zu nutzen, die Dinge nach ihren Vorstellungen zu gestalten.
2. sich selbst zu beherrschen.
   Wer sich beherrscht, der herrscht über sich selbst, der wird von niemand anderem beherrscht. In diesem Sinne ist Selbst-Beherrschung eine Befreiung von der Herrschaft anderer und auch von der Herrschaft der eigenen Triebe. Wer dazu in der Lage ist, kann souveräne Entscheidungen treffen. Er hat die Freiheit, sein Leben nach eigenem Gutdün-

ken zu gestalten. Er reguliert sein Verhalten selbst auf der Grundlage der von ihm getroffenen Entscheidungen. Er setzt sich selbst Ziele und hat die Disziplin, sie zu verwirklichen. So findet ein Mensch Erfüllung.

Disziplin ist nicht an sich gut oder schlecht. Wie sie wirkt, welchen Segen sie herbeiführt oder welchen Schaden sie anrichtet, hängt davon ab, welchem Ziel sie dient. Nicht die Disziplin ist schlecht, sondern höchstens die Ziele, in deren Dienst sie gestellt wird. Und Disziplin ist das, was man unabdingbar braucht, um ein Ziel zu verwirklichen. Daher stellt Disziplin eine Sekundärtugend dar. Sie um ihrer selbst willen zu praktizieren ergibt keinen Sinn. Sie muss einem Ziel dienen. Disziplinierte Menschen kommen leichter an ihr Ziel, worin es auch immer bestehen mag. Wenn wir Kinder zur Disziplin erziehen und ihnen im Rahmen dieser Erziehung Zwänge auferlegen, dann geschieht das, um ihnen den Gebrauch ihrer Freiheit zu ermöglichen. Wer beispielsweise eine gute Schulbildung erhält, hat danach die Freiheit der Berufswahl. Die Disziplin ist lediglich das Werkzeug, dessen man sich bedient, wenn man ein Ziel verfolgt. Und es wäre fatal, wenn wir unseren Kindern aus falscher Angst vor Autorität dieses Werkzeug vorenthalten wollten.

Die Persönlichkeit des Kindes als Richtschnur

Khalil Gibran schreibt in seinem Buch „Der Prophet“:

„Eure Seele ist oft ein Schlachtfeld, auf dem eure Vernunft und euer Verstand Krieg gegen eure Leidenschaft und eure Gelüste führen … Eure Vernunft und eure Leidenschaft sind das Ruder und die Segel eurer seefahrenden Seele.

Wenn eure Segel oder Ruder brechen, könnt ihr nur noch schlingern und treiben oder auf hoher See festgehalten werden. Denn die Vernunft ist, wenn sie allein waltet, eine einengende Kraft; und unbewacht ist die Leidenschaft eine Flamme, die bis zur Selbstzerstörung brennt.“ Khalil Gibran weist hier darauf hin, dass Vernunft und Gefühl beide unverzichtbar sind und aufeinander abgestimmt werden müssen.

Die Eltern des vierzehnjährigen Timo sind sehr ehrgeizig. Beide haben anspruchsvolle und gutbezahlte Jobs und wünschen sich für ihren Sohn ebenfalls eine erfolgreiche berufliche Laufbahn. Daher verlangen sie ihm viel ab. Timo ist intelligent und leistungsstark und verfügt über vielerlei Begabungen. Seine Eltern sind stolz auf ihn. Sie wollen ihn in jeder Hinsicht fördern und haben deswegen allerlei außerschulischen Unterricht für ihn organisiert: Musikunterricht, eine zusätzliche Fremdsprache, Sport und auch einen Schachkurs. Es ist sehr vernünftig, einem solch intelligenten Kind viele Angebote zu machen. Aber Timo ist nun völlig verplant; außerdem hat er gar keine Lust, ein Musikinstrument und Schach zu spielen. Das haben seine Eltern über seinen Kopf hinweg entschieden. Viel lieber möchte er Zeit mit Freunden verbringen. Er hat aber keine richtigen Freunde, weil er nur wenig Zeit für sie erübrigen kann. Timo wird plötzlich sehr „schwierig"; er redet nicht mehr mit seinen Eltern, wird unzugänglich, schwänzt manchmal die Schule. Seine Eltern machen ihm deswegen Vorwürfe und reagieren mit Strenge. Da legt Timo im Hobbyraum der Eltern Feuer …

Vernunft ist nicht genug. Sie muss sich an der Persönlichkeit des Kindes und seinen Bedürfnissen orientieren. Es kann nicht darum gehen, dass wir unsere Kinder auf der Grundlage der uns vernünftig erscheinenden Vorstellungen verbiegen. Wenn wir also diszipliniertes Verhalten fordern, sollten wir uns sicher sein, dass es mit der Persönlichkeit unseres Kindes im Einklang steht. Es wäre unsinnig, von einem musikalisch nicht interessierten Kind zu verlangen, es solle täglich eine halbe Stunde ein Instrument spielen. Ein Kind, das schwer lernt, sollte kein Abitur machen müssen. Wenn ein Kind sich ungern bewegt, meldet man es besser nicht zum Leistungsschwimmen an. Ein Kind, das keine Karotten mag, sollte auch keine essen müssen.

Das bedeutet umgekehrt jedoch nicht, dass wir den Kindern nichts oder nur das abverlangen sollen, wozu sie freiwillig sofort bereit sind. Wer nicht gern musiziert, sollte andere Hobbys pflegen, mit denen Kultur im Alltag verankert wird; wer kein Abitur machen möchte, sollte etwas anderes finden, das ihn fordert und wofür er diszipliniert arbeitet; wer sich nicht gern bewegt, muss trotzdem so viel Bewegung haben, dass er gesund bleibt; und wer keine Karotten mag, muss eben eine andere Sorte Gemüse essen. Das sind Zwänge, denen unsere Kinder unterworfen werden müssen, weil es ihnen und der Gesellschaft langfristig nutzt. Weil es vernünftig ist. Wenn wir aber gegen die Interessen und Neigungen unserer Kinder Zwang ausüben, werden wir mit hoher Wahrscheinlichkeit entweder scheitern oder Neurotiker großziehen.

Timo wehrt sich gegen die Lebensplanung seiner Eltern. Sie entspricht nicht seinen Neigungen und seiner Persönlichkeit. Er bricht zunächst die Kommunikation mit ihnen ab und erhofft sich davon mehr Autonomie. Als er aber nur Kritik und Vorwürfe erntet, muss er drastischere Maßnahmen ergreifen, um den Eltern seinen inneren Widerstand deutlich zu machen.

Die Ziele, um deretwillen wir von unseren Kindern Disziplin fordern, sollten daher nicht nur vernünftig sein, sondern auch der Persönlichkeit des Kindes entsprechen.

Elterliche Autorität

Als ich einkaufen gehe, begegnen mir eine Mutter und ihre ca. 13 oder 14 Jahre alte Tochter im Partnerlook. Beide haben schulterlanges schwarzes Haar, beide tragen eng geschnittene Blue Jeans und ein schwarzes Oberteil. Beide sind geschminkt. Als sie vor den Auslagen stehen und sich über das Angebot unterhalten, hakt die Mutter die Tochter unter.

Keine Frage – diese Mutter und ihre Tochter stehen miteinander auf freundschaftlichem Fuß. Mich beschleicht Unbehagen beim Anblick dieses Paares und ich frage mich, wie die Erziehung von Kindern möglich ist, wenn Eltern und Kinder sich auf derselben Ebene begegnen und gleichgestellt sind. Einem Freund oder einer Freundin können Sie nämlich nicht Dinge sagen wie: „Räum bitte mal sofort deine Tasche aus dem Durchgang“, „Ich möchte, dass du bis 21.00 Uhr im Bett liegst!“ oder auch „Nein, du wirst nicht mitten in der Woche eine Fete besuchen. Das erlaube ich nicht. Wenn du ausgehen willst, kannst du das am Freitag oder Samstag tun.“ Einem Kind können und sollten Sie derartige Dinge sagen. Das gehört zu Ihrer Aufgabe als Erzieher(in). Aber solche Sätze wären völlig unpassend gegenüber einem Freund oder einer Freundin.

Wenn Sie sich zum Freund oder zur Freundin Ihres Kindes machen, kündigen Sie damit Ihren Job als Erzieher(in). Denn wir müssen (siehe Kapitel zwei) für die Kinder eine Menge Entscheidungen treffen, um ihnen so Orientierung zu geben. Zwar nehmen diese Entscheidungen im Laufe der kindlichen Entwicklung allmählich ab. Sie werden jedoch nicht überflüssig. In einer Eltern-Kind-Beziehung sind die Verantwortlichkeiten ungleich verteilt. Sie als Elternteil haben anfangs die uneingeschränkte Verantwortung für Ihr Kind, aber Ihr Kind wird im Normalfall sein Leben lang niemals voll verantwortlich für seine Eltern sein. Sie kennen sich in der Welt bereits aus und haben vor Ihrem Kind einen jahrzehntelangen Wissens- und Erfahrungsvorsprung. Allein aufgrund dieses Vorsprungs besitzen Sie Autorität. Sie ist gleichzusetzen mit der Autorität eines Fachmanns, den Sie um Rat fragen in einer Angelegenheit, in der Sie sich selbst nicht auskennen. Im Gegensatz zu einer Freundschaft stellt die Erziehung keine Partnerschaft zwischen Gleichen dar. Und in der Erziehung darf nicht alles verhandelbar sein!

Heutzutage wollen viele Eltern ihre Autorität nicht annehmen und nicht gezielt einsetzen. Vielleicht weil sie fürchten, Ihrem Kind damit Gewalt anzutun und seine Entwicklung willkürlich zu bestimmen. Ich habe bereits darauf hingewiesen, dass wir in der Erziehung unserer Kinder deren Persönlichkeit als Richtschnur betrachten sollten. Aber dadurch wird Erziehung natürlich nicht überflüssig. Immanuel Kant schrieb, der Mensch müsse erzogen werden, weil er anders als die Tiere keinen Instinkt habe, der ihn leitet. Der Mensch muss sich für sein Verhalten selbst einen Plan machen. Ich stimme Kant zu und meine, dass zunächst die Eltern gefordert sind, einen solchen Plan für ihr Kind zu erstellen. Dazu gehören deutliche und konsequente Grenzziehungen. Erst wenn das Kind schon eine Weile auf der Welt ist und begonnen hat, Erfahrungen zu sammeln, kann man nach und nach das Planen ihm selbst überlassen.

Als Jessica zwölf Jahre alt wird, richten ihr die Eltern ein Konto ein, auf das sie jeden Monat einen bestimmten Betrag als Taschengeld überweisen. Damit kann Jessica tun, was sie mag. Sie ist darüber den Eltern keinerlei Rechenschaft schuldig. Die Höhe des Betrages wurde von den Eltern festgelegt. Innerhalb dieses Rahmens kann Jessica nun Erfahrungen mit Geld machen und lernen, wie man ein Konto führt.

Grenzen helfen dem Kind, sich zu erfahren. Grenzen wirken identitätsbildend. Kinder brauchen schon deshalb Grenzen, weil sie dadurch einen eigenen Platz zugewiesen bekommen. Aber gerade das wird immer schwieriger, denn Erwachsene grenzen sich immer weniger von ihren Kindern ab. Wir Eltern dringen in Räume vor, die das Hoheitsgebiet der Jugend sind. Die Eltern von heute kleiden sich oft nicht nur wie ihre Kinder, sie hören dieselbe Musik, sehen dieselben Filme, besuchen dieselben Kneipen und Freizeitveranstaltungen. Eltern und Kinder unterscheiden sich immer weniger voneinander. Das erschwert Grenzsetzungen und Erziehung. Denn unter Gleichen findet keine Erziehung statt. Die Jugendlichen von heute finden nicht mehr genug erwachsene Vorbilder, stattdessen treffen sie auf ein Heer von Erwachsenen, die alle jugendlich sein wollen. Da ist etwas aus der Form geraten, das jetzt ver-rückt ist. Wir Erwachsenen sollten uns bewusst von unseren Kindern abgrenzen, damit wir die nötige Voraussetzung zu ihrer Erziehung besitzen. Wir brauchen Autorität, um unserer Aufgabe als Eltern gerecht zu werden. Wir dürfen keine Angst davor haben, ihnen zu zeigen, wo es lang geht. Und wir müssen es aushalten, wenn unsere Kinder sich dann an uns reiben, uns herausfordern, eben nicht freundschaftlich mit uns vereint sind. Denn sie brauchen unbedingt die Auseinandersetzung mit uns, damit sie ihren eigenen Weg finden können. Wir sind eben nicht ihre Freunde; diese Rolle gebührt anderen. Wir sind ihre Eltern, ihre Erzieher. Wenn wir so sind wie sie, haben sie in uns kein wirkliches Gegenüber. Eltern sollten den Mut zu einer eigenen Identität haben, aus dieser Identität eine natürliche Autorität ableiten und ihre Kinder diese Autorität spüren lassen, indem sie ihnen die Richtung weisen, Grenzen setzen und Forderungen stellen. Und wir müssen es aushalten können, wenn unsere Kinder uns deshalb manchmal nicht besonders mögen. Denn es geschieht in ihrem eigenen Interesse.

5. Welche Werte sollen wir heute unseren Kindern vermitteln?

Im zweiten Kapitel hatte ich bereits verdeutlicht, wie schwierig es für uns Eltern manchmal ist, Entscheidungen zu treffen. „Richtig" und „Falsch" sind oft nicht klar voneinander zu trennen. Vieles scheint uns möglich und akzeptabel. Die alten Werte tragen nicht mehr und haben ihren Selbstverständlichkeitscharakter längst verloren.

Wie viel soll und darf man Kindern abverlangen? Was ist wichtiger: die Pflicht oder die Selbstentfaltung? Welchen Stellenwert sollen Fernsehen und Computer für die Freizeit der Kinder haben? Inwieweit sollen wir ihren Konsumwünschen entsprechen? Wo sind die Grenzen? Früher konnte man bei Erziehungsfragen vielleicht vertrauensvoll den Pfarrer fragen, heute stehen Sie mit Ihrer Unsicherheit alleine da. Niemand, auch ich nicht, kann Ihnen eine klare Antwort darauf geben. Eins ist aber sicher: Kinder brauchen eine Familie, in der sie Liebe erfahren und Orientierung bekommen. Ganz gleich, wer zu dieser Familie gehört – ob es sich um eine Patchworkfamilie handelt, eine Ein-Eltern-Familie, eine traditionelle Familie, ob die Großeltern dazugehören oder nicht – in jedem Fall muss Familie ein Ort des Vertrauens und des Zusammenhalts sein. Kinder brauchen die Erfahrung, aufgehoben und geborgen zu sein. Kinder müssen sich geliebt fühlen. Sie müssen sich angenommen fühlen und wissen, dass man ihnen verzeihen wird, wenn sie etwas falsch gemacht haben. Sie müssen sich auf die Erwachsenen verlassen können. Sie müssen erleben, wie es ist, wenn man sich gemeinsam freut und gemeinsam traurig ist. Zumindest in dieser Hinsicht hat sich nichts geändert. Dies alles sind Aufgaben, die die Familie auch früher schon besaß und die von jeglichem Wertewandel unbeeinflusst bleiben. Denn hier geht es um kindliche Grundbedürfnisse. Sie sind vielleicht heute schwerer zu befriedigen, weil wir Erwachsenen oft beruflich engagierter sind als früher und weniger Zeit für unsere Kinder zur Verfügung haben. Aber sie sind nach wie vor von herausragender und unzweifelhafter Wichtigkeit.

Darüber hinaus gilt es, den Kindern Werte zu vermitteln, ihnen etwas zu geben, woran sie glauben können und das ihnen als Richtschnur für ihr Handeln dient. Neben der Erfahrung von Liebe und Geborgenheit müssen Eltern ihren Kindern auch Werte mitgeben. Um der Kinder und um des Gemeinwohls willen.

> „Das größte Gut einer Nation ist die Moral ihrer Bürger. Die größte Gefahr, die einer Nation drohen kann, ist der Zusammenbruch dieser Moral.“ (George B. Courtelyou)

Das Thema „Werte“ kann ich hier sicher nicht erschöpfend behandeln. Dennoch möchte ich Ihnen ein paar Hinweise für eine zeitgemäße Erziehung geben. Disziplin stellt eine Sekundärtugend dar, die nur Sinn macht in Verbindung mit einem wohlüberlegten Ziel. Wenn wir also diszipliniertes Verhalten von unseren Kindern fordern, sollten wir genau wissen, wohin wir steuern. Und folgende Werte geben uns dabei auf jeden Fall eine gute Orientierung:

Werte, an die Sie selbst glauben

Brenda ist Cellistin, Musik ihr Lebensinhalt. Als sie eine kleine Tochter bekommt, führt sie diese schon im Babyalter an die Musik heran. Die Tochter hört, wie Brenda spielt, in der Wohnung läuft oft Musik im Hintergrund, das Kind wird zur musikalischen Früherziehung geschickt und lernt bereits im Kleinkindalter ein Instrument. Die Kleine erlebt Musik von Anfang an als etwas Selbstverständliches und es ist, als hätte sie die Liebe zur Musik schon mit der Muttermilch eingesogen.

Bernd ist ein Computerfreak. Er arbeitet beruflich sehr viel mit Computern und hat zuhause eine richtige Sammlung verschiedenster Geräte. Er bringt seinen drei Kindern schon im Kleinkindalter den Umgang mit Computern bei, ermutigt sie, sich damit auseinander zu setzen und schenkt ihnen zum Geburtstag gern allerlei Zubehör.

Ich selbst bin Vegetarierin. Ich liebe Tiere und empfinde sehr viel Respekt vor ihnen, und es widerstrebt mir zutiefst, sie zu essen. Außerdem habe ich eine ganze Reihe von Einwänden gegen die Massentierhaltung. Ich kaufe daher niemals Fleisch und bestelle mir auch kein Fleischgericht im Restaurant. Meine Töchter haben diese innere Haltung weitgehend übernommen, obgleich ich ihnen den Genuss von Fleischgerichten nicht verbiete und sie durchaus Gelegenheit hätten, Fleisch zu essen.

Wenn wir von etwas überzeugt sind, dann sollten wir es unseren Kindern vermitteln. Wir können nämlich gar nicht anders, wir müssten uns sonst verstellen. Darum haben Sie den Mut, zu sich zu stehen. Was Sie mit Überzeugung vertreten, wird sich mit hoher Wahrscheinlichkeit in das Wertesystem Ihres Kindes einfügen. Durch das, was Sie sind, teilen Sie sich Ihrem Kind sehr nachhaltig mit, und da Kinder Orientierung suchen, werden sie verinnerlichen, was Sie ihnen vorleben. Wenn Sie also Fußball lieben, dann nehmen Sie Ihr Kind mit auf den Fußballplatz; wenn Sie lieber Musik genießen, nehmen Sie es mit in den Konzertsaal; wenn Sie gläubig sind, gehen Sie mit Ihrem Kind in die Kirche. Ganz selbstverständlich. Und wenn Sie Wert auf gepflegte Umgangsformen legen, dann praktizieren Sie sie zu Hause, und Ihr Kind wird sie übernehmen. Wichtig ist nicht so sehr, was Sie im Einzelfall vermitteln, sondern dass Sie überhaupt etwas haben, das Sie vermitteln können und dass Sie sich die Mühe machen, es dem Kind mitzugeben. Letzteres kann mühsam sein.

Irene legt großen Wert auf eine gesunde Ernährung. Sie gibt sich viel Mühe beim Einkauf und kocht sorgfältig nur das, von dem sie glaubt, dass es ihrem kleinen Sohn gut tut. Im Kindergarten wird jedoch sehr viel Kuchen an die Kinder verteilt, da die Mütter regelmäßig Kuchen backen, wenn ihr Kind im Kindergarten Geburtstag feiert. Irene missfällt das. Sie bespricht das Thema zuerst mit der Erzieherin und dann mit den anderen Eltern am Elternabend. Sie stößt bei manchen Eltern auf Unverständnis, aber sie kann einen Kompromiss aushandeln. Damit steht sie offen erkennbar zu ihren Werten und demonstriert ihrem Sohn deutlich, wie wichtig es ist, Verantwortung für den eigenen Körper zu übernehmen.

Diese Art der Wertevermittlung hat nichts mit Druck oder Zwang zu tun. Sie muss nicht einmal auf explizite Weise erfolgen. Den Kindern werden dabei en passant Werte selbstverständlich, weil diese den Eltern selbstverständlich sind. Darum leben Sie Ihre Werte und beziehen Sie Ihre Kinder mit ein!

Respekt vor der Würde anderer Menschen

Ich erinnere mich an eine Szene, die sich ereignete, als ich fünfzehn Jahre alt war und die ich seither nie mehr vergessen konnte. Es war eine Szene, die mich schmerzlich berührt hat. Ich fuhr damals mit dem Bus, und in einiger Entfernung von mir saß ein Betrunkener. Als er sich während der Fahrt erhob, um zur Tür zu gelangen, weil er an der nächsten Haltestelle aussteigen wollte, konnte er sein Gleichgewicht nicht halten. Er schwankte und griff ungeschickt nach einem Halt. Die Fahrgäste, die beobachteten, wie er auf diese Weise mühsam der Tür zustrebte, waren amüsiert und lachten. Niemand stand auf und half ihm.

In dieser Szene wird ein Mensch, der alkoholkrank ist, ausgelacht. „Wer den Schaden hat, braucht für den Spott nicht zu sorgen." Wie wahr! Allerdings kann ich mir nicht vorstellen, dass viele Menschen eine solche Szene auch nach eingehender Überlegung noch komisch finden könnten. Schließlich ist Alkoholmissbrauch alles andere als witzig. Und ein Mensch, der wie in diesem Beispiel gleich auf zweifache Weise den Halt verloren hat, mag mit seinen unbeholfenen Bewegungsabläufen für den Augenblick komisch wirken, aber es ist schlimm, wenn Gelächter die einzige Reaktion darauf bleibt. Dieser Mann war offenbar ganz unten angekommen, und man versagte ihm jeglichen Respekt. Niemand kannte seine Geschichte, niemand schien daran interessiert zu sein, aber man war sich sicher, über ihm zu stehen, so sehr, dass man es sich leistete, ihn auszulachen.

Ich bin der Überzeugung: Kein Mensch hat das Recht, sich über einen anderen zu erheben. Kein Mensch darf über einen anderen urteilen. Kein Mensch darf sich einbilden, im Besitz von Recht oder der Wahrheit zu sein; denn es gibt keine Instanz, die uns sagen könnte, wer von uns Recht und wer Unrecht hat. Wir sind alle Suchende, wir alle machen Fehler und haben auch alle unsere Verletzlichkeiten. Die intelligenteste Art, miteinander umzugehen, liegt im gegenseitigen Wohlwollen und Respekt. Leider (er-)leben unsere Kinder im Alltag etwas anderes:

Da wird ein Mädchen von seinen Klassenkameraden ausgegrenzt, weil es sich in der Pause privat mit einer Lehrerin unterhält. „Schleimer“, bekommt es zu hören.

Da erleben die Kinder im Auto, wie der Vater einen anderen Autofahrer beschimpft: „Idiot, hast deinen Führerschein wohl in der Lotterie gewonnen!“

Da machen sich die Klassenkameraden über einen Mitschüler lustig, dessen Unvermögen deutlich wird, als er an der Tafel etwas vorrechnen soll. Die Schüler lachen brüllend über ihn, und der Lehrer schreitet nicht ein.

Da wird eine Mitschülerin aus der Klassengemeinschaft ausgeschlossen, weil sie nicht „cool“ ist und die falschen Klamotten trägt.

Da sagt ein Gymnasiast beim Mittagstisch über einen Nachbarsjungen: „Der Olaf ist richtig nett, obwohl er nur in die Realschule geht.“

Die Liste ließe sich beliebig fortsetzen. Die Geringschätzung blüht allerorten und gedeiht prächtig. Die Erwachsenen machen es den Kindern vor, und die Kinder erweisen sich als gelehrige Schüler. Paradoxerweise sind wir uns dann aber fast alle einig in unserer Klage über die zunehmende Gefühlskälte in dieser Gesellschaft.

Ich plädiere ganz entschieden für mehr Respekt. Gerade in einer Gesellschaft, in der es immer weniger Grenzen gibt und deshalb immer mehr unterschiedliche Lebensmodelle entwickelt werden können, brauchen wir gegenseitigen Respekt nötiger als je zuvor. Wenn die Vielfalt zunimmt, wenn immer mehr verschiedene kulturelle Einflüsse in unserer demokratischen Gesellschaft spürbar werden, kommen wir in Teufels Küche, wenn wir andere nicht gelten lassen können. „Kein Volk kann aufblühen, das nicht versteht, dass im Pflügen eines Feldes ebenso viel Würde liegt wie im Schreiben eines Gedichts", schreibt Booker T. Washington. Sich über den anderen zu erheben und ihm den Respekt zu verweigern ist gleichermaßen gefährlich wie dumm. Denn wer die eigene Art zu leben und zu denken für die einzig richtige hält, ist nicht nur intolerant und erzeugt sozialen Zündstoff, sondern bringt sich selbst um eine großartige Chance: die Chance nämlich, durch andere dazuzulernen. Wir haben eine Art Supermarkt der Werte und unterschiedlichen Lebensweisen, aber wir können ihn nur für uns nutzen, wenn wir bereit sind, andere zu respektieren. Sind wir im Vorfeld schon überzeugt, dass sich die anderen irren, weil sie von der eigenen Denk- und Lebensweise abweichen, geben wir uns selbst und ihnen keine Chance zur gegenseitigen Bereicherung. Wir tun unseren Kindern keinen Gefallen, wenn wir sie lehren, den Andersdenkenden geringer zu schätzen als den Gleichdenkenden. Wo es keinen Respekt gibt, kann es auch keine Annäherung geben. Und das ist, wie gesagt, sowohl dumm als auch schädlich.

Darum sollten wir unsere Kinder zum Respekt vor anderen Menschen erziehen, ganz gleich, wie sehr das Fremde vom Vertrauten abweicht. Der andere hat immer gute Gründe für sein So-Sein. Das müssen wir unseren Kindern vermitteln, in ihrem und in unser aller Interesse. Die nötigen Lektionen können schon früh im Elternhaus erteilt werden. Wir erziehen unsere Kinder zu einem respektvollen Umgang mit anderen Menschen, indem wir zum einen Respekt für uns selbst fordern und ihnen respektloses Verhalten nicht durchgehen lassen. Zum anderen sollten wir ihnen als Modell dienen, indem wir ihnen vorleben, wie man respektvoll mit anderen Menschen umgeht (z.B. auch mit Menschen, die am Rand der Gesellschaft stehen) und indem wir auch selbst unseren Kindern Respekt entgegenbringen. Beides wird im Alltag häufig versäumt.

Der zweijährige Niklas ist frustriert: Er würde gern auf den Tisch steigen, weil er es toll findet, von dort oben herunterzuschauen und eine ganz neue Perspektive zu haben, aber seine Mutter erlaubt es nicht. Sie will nicht, dass er auf den Tisch steigt, weil der Tisch eine empfindliche Oberfläche hat und als Turngerät ungeeignet ist. Niklas wird wütend, geht auf seine Mutter zu und schlägt sie mit der Faust in den Bauch. Sie sagt: „Ach, Niklas, hör schon auf! Komm, nimm dir die Bauklötze und setz dich damit auf den Teppich." Niklas boxt sie erneut in den Bauch. Sie sagt „au!" und stellt die Kiste mit den Bauklötzen auffordernd mitten auf den Teppich. Er ignoriert die Bauklötze und versucht erneut, auf den Tisch zu klettern. Sie nimmt ihn auf den Arm, trägt ihn hinaus und schließt die Zimmertür von außen ab. Sie verliert kein Wort über seine Aggression.

Die Mutter reagiert nur auf die Übertretung des Verbots „Du darfst nicht auf den Tisch steigen!", aber sie nimmt nicht Stellung zu der körperlichen Aggression ihres Sohnes. Er erhält keine klare Rückmeldung dazu. Die bräuchte er aber, um zu wissen, was er sich seiner Mutter gegenüber erlauben darf und was nicht. Eine Erziehung zu respektvollem Umgang miteinander macht es erforderlich, dass die Mutter ihm die Grenzen klar aufzeigt und Respekt einfordert. Denn wie kann er Respekt vor ihr lernen, wenn sie zulässt, dass er sie boxt! Sie hätte also gleich nach dem ersten Angriff reagieren müssen, indem sie beispielsweise seine Hand festhält und ihm sagt: „Du tust mir weh, und das erlaube ich nicht. Ich will nicht, dass du so etwas noch mal machst!" Ein Zweijähriger, der noch in der Trotzphase steckt, würde dann möglicherweise gerade wegen dieser Botschaft noch einmal boxen, weil er wissen will, was passiert, wenn er sich über das Gebot der Mutter hinwegsetzt. In diesem Fall müsste die Mutter eine Konsequenz folgen lassen (den Jungen zurückboxen; ihm die Hände festhalten, bis er verspricht, damit aufzuhören; ihn in sein Zimmer bringen und dort einige Zeit alleine lassen, usw.). Keinesfalls dürfte sie ihm sein Verhalten kommentarlos durchgehen lassen. Denn auf diese Weise ermutigt sie ihren Sohn zu weiteren Respektlosigkeiten.

Ebenso wichtig ist es, dass wir unseren Kindern ein Modell sind und sowohl ihnen als auch anderen Menschen Respekt entgegenbringen. Auch hier werden im Alltag viele Fehler gemacht.

Die Mutter der neunjährigen Ellen unterhält sich in deren Anwesenheit über sie mit ihrer Freundin.

Die Eltern des dreizehnjährigen Manuel klopfen nicht an, bevor sie sein Zimmer betreten.

Der Vater der fünfjährigen Sandra greift im Restaurant, ohne zu fragen, auf ihren Teller und nimmt sich etwas von ihrem Essen.

Die Mutter der neunjährigen Annika räumt in deren Zimmer auf und stellt Ordnung nach ihren eigenen Vorstellungen her, so dass Annika danach einige Dinge nicht auf Anhieb wiederfindet.

Wenn sie einen Bettler in der Stadt sehen, bezeichnet ihn der Vater von Mark als „Penner" und nennt ihn „asozial".

Dies alles sind Beispiele für die vielen Grenzüberschreitungen, die Eltern tagtäglich begehen, meist ohne nachzudenken, oft durchaus mit guter Absicht, aber immer auf der Grundlage von Respektlosigkeit. Wie sollen jedoch Kinder, die auf diese Weise Respektlosigkeit erfahren, respektvollen Umgang mit anderen lernen? Wir behandeln die anderen Menschen in aller Regel so, wie man uns behandelt. Wir sollten also sowohl Respekt von unseren Kindern fordern als auch umgekehrt selbst unseren Kindern Respekt zollen. Nur so lässt sich ein angenehmes Klima des Miteinander schaffen.

Respekt kommt u.a. in Höflichkeit zum Ausdruck. Aber viele Eltern verzichten heutzutage darauf, ihren Kindern gute Manieren beizubringen. Ich vermute, sie wollen ihre Kinder nicht „dressieren". Und damit haben sie sicher Recht. Eine steife Höflichkeit, bei der das Individuum unter allen Umständen die Form zu wahren hat, halte ich auch für unzumutbar und unzeitgemäß. Daraus aber zu schließen, wir bräuchten uns um die gute Form gar nicht mehr zu bemühen, scheint mir falsch. Gute Umgangsformen und Höflichkeit sind etwas anderes als steife Förmlichkeit. Nur auf letztere kann man verzichten. Höflichkeit aber macht den Umgang miteinander angenehmer, erleichtert die Kontaktaufnahme und -pflege und kommt allen Beteiligten zugute. Darum sollten Kinder lernen, freundlich zu grüßen, sich zu bedanken, anderen die Tür aufzuhalten usw.

Respekt beinhaltet darüber hinaus die Fähigkeit, andere Menschen anzuerkennen. Auch hier liegt bei uns vieles im Argen. Wir sind großartig darin, andere zu kritisieren und ihnen Fehlverhalten nachzuweisen; aber das, was sie können, was sie leisten, was sie uns geben, das, was tadellos funktioniert, das nehmen wir als selbstverständlich hin und verlieren kein Wort darüber. Lieber konzentrieren wir uns darauf, dem anderen Fehler nachzuweisen, Vorwürfe zu machen und Klage zu führen.

Nicole kommt mittags aus der Schule und beklagt sich über ihren Deutschlehrer. Er habe einen Theaterbesuch für die ganze Klasse organisiert und bestehe auf Anwesenheits-

pflicht. Das Theaterstück beginnt abends um 19.30 Uhr, und Nicole wäre an diesem Abend lieber zu einem Fest im Jugendhaus gegangen. Sie beklagt sich bitter über die Rücksichtslosigkeit ihres Lehrers, seinen Schülern Derartiges zuzumuten. Die Mutter weist sie darauf hin, wie engagiert ihr Lehrer sein muss, dass er eine solche Veranstaltung für die Klasse plant und wie ernst es ihm damit sein muss, seine Schüler für das Stück zu begeistern. Nicole ist daraufhin erst einmal still. So hat sie die Angelegenheit noch gar nicht betrachtet.

Das Gute sehen zu können ist aus vielerlei Gründen von Vorteil. Ich habe darüber bereits in dem Buch „Erziehen mit Gefühl" geschrieben. Im zwischenmenschlichen Bereich dient diese Fähigkeit dazu, andere wertschätzen zu können und ein Klima gegenseitigen Respekts zu schaffen. Beides ist Voraussetzung für einen freudvollen und bereichernden Umgang miteinander. Es wäre schön, wenn wir unsere Kinder das lehren könnten.

Verantwortungsbewusstsein und Entscheidungsbereitschaft

Damit ein Mensch überhaupt Verantwortung übernehmen kann, muss er in der Lage sein, Zusammenhänge zu erkennen zwischen seinem eigenen Handeln und den Konsequenzen, die sich daraus ergeben. Darum ist es wichtig, Kindern diese Zusammenhänge aufzuzeigen.

Lena kommt aus der Schule nach Hause und präsentiert ihrer Mutter eine Klassenarbeit zum Unterschreiben: Sie hat eine Vier im Diktat. Die Mutter wundert sich und sagt: „Ich wusste gar nicht, dass ihr ein Diktat geschrieben habt. Du hast mir nichts davon gesagt, sonst hätte ich mit dir geübt, und du hättest bestimmt eine bessere Note geschrieben." Lena meint: „Ich kann nichts dafür. Die Lehrerin hat so einen schweren Text ausgesucht. Und hat nicht an die Tafel geschrieben, wann wir die Arbeit schreiben. Das hat sie nur ganz kurz gesagt, und das hab ich nicht verstanden. Es war so laut in der Klasse.“

Lena macht hier jemand anderen für ihren Misserfolg verantwortlich: Die Lehrerin ist schuld, denn sie hat das Diktat nicht schriftlich angekündigt, sondern nur mündlich und unverständlich, und sie hat einen zu schwierigen Text ausgewählt. Deshalb meint Lena, sie selbst habe mit ihrem Misserfolg nichts zu tun.

Es gibt Menschen, die ein Leben lang nach dieser Methode verfahren. Sie fühlen sich nicht verantwortlich für das, was ihnen widerfährt. Andere sind schuld: das schlechte Wetter; oder die schweren Zeiten und die schlechte Arbeitsmarktlage; oder die Regierung oder …

Obgleich diese Erklärungsmuster von Vorteil sind, weil sie erst einmal entlastend wirken, überwiegen doch langfristig deren Nachteile. Denn wenn ich meinen Misserfolg in keinen Zusammenhang mit meiner eigenen Person bringe, werde ich auch nicht aktiv, um meine Situation zu verändern. Auf diese Weise bleibe ich uneffektiv und komme keinen Schritt weiter. Wenn Sie Ihrem Kind derartige Erklärungen durchgehen lassen, tun Sie ihm damit keinen Gefallen, sondern bestärken es vielmehr in seiner Passivität und Opferrolle.

Lenas Mutter schüttelt den Kopf. „Hör mal, Lena,“, sagt sie, „du willst mir erzählen, dass du eine schlechte Note geschrieben hast, weil deine Lehrerin das Diktat nur mündlich angekündigt hat und du sie nicht verstanden hast?“ Sie sieht ihre Tochter fest an. „Dann hättest du nachfragen und sie bitten können, den Termin noch einmal zu wiederholen. Außerdem hast du gewusst, dass ein Diktat geschrieben werden sollte; du hättest dich in jedem Fall darauf vorbereiten können, dann wäre dir der Text in der Arbeit nicht mehr so schwer vorgekommen!“ Und sie fügt hinzu: „Du bist zuständig für deine Leistung, Lena!“

Das sind klare Worte, die Lena die Richtung weisen. Die Mutter prüft nicht nur Lenas Ausreden auf Stichhaltigkeit, sondern macht ihr zudem die eigene Verantwortung klar. Kinder müssen begreifen, was Verantwortung heißt und dass sie Verantwortung für sich selbst haben. Kinder, die beispielsweise verwöhnt werden, erhalten wenig Gelegenheit, das zu begreifen. Je mehr wir ihnen abnehmen, desto weniger lernen sie, selbst etwas für sich zu tun.

Manchmal brauchen wir gar nicht viele Worte machen; manchmal genügt es bereits, wenn wir Kinder die Folgen ihres Verhaltens spüren lassen und sie ihnen zumuten.

Es ist Montag Morgen. Lena kommt nicht aus dem Bett, weil sie furchtbar müde ist. Am Abend zuvor hat sie beim Zubettgehen getrödelt und trotz Verbotes ihrer Eltern noch in ihrem Abenteuerbuch gelesen. Darüber ist es spät geworden, und deshalb fällt ihr nun das Aufstehen schwer. Die Mutter weist sie darauf hin, dass sie nur noch 20 Minuten hat, bis sie das Haus verlassen muss. Lena kümmert sich nicht darum. Sie bleibt noch ein Weilchen liegen. Die Mutter begnügt sich damit, sie auf die fortgeschrittene Zeit hinzuweisen und tut weiter nichts. Als Lena schließlich angezogen ist, sind es noch acht Minuten bis zum Unterrichtsbeginn. Sie wird zu spät kommen. Darum bittet sie die Mutter, sie schnell mit dem Auto zur Schule zu fahren, aber die Mutter weigert sich. „Ich möchte erst noch in Ruhe mein Frühstück beenden und muss dann einen Kunden treffen. Ich möchte dich deshalb jetzt nicht zur Schule fahren“, sagt sie einfach und bleibt am Tisch sitzen. Lena quengelt und fleht, aber die Mutter wiederholt nur ruhig, was sie ihr zuvor schon gesagt hat. Lena macht sich nach einer Weile missmutig auf den Weg und kommt eine Viertelstunde zu spät, wofür sie einen Klassenbucheintrag erhält. Sie hat damit einen logischen Zusammenhang hautnah erfahren, nämlich: „Wenn ich abends noch lange trödle und heimlich lese, bin ich am Morgen zu müde, um pünktlich aufzustehen. Dann komme ich zu spät in die Schule, und das gibt Ärger.“

Auf diese Weise lernt Lena auch noch eine ganze Reihe anderer Lektionen; z.B.: „Wenn ich meine Pflanze auf der Fensterbank nicht regelmäßig gieße, vertrocknet sie und blüht nie wieder." Oder: „Wenn ich meine Playmobilspielsachen nicht sorgfältig aufräume, finde ich die kleinen Teile nachher nicht wieder", usw. Die Eltern ersparen sich Schimpfen und lange Moralpredigten. Wo immer möglich, lassen sie ihr Kind die Folgen spüren. Das geht selbstverständlich nicht unbegrenzt, denn es gibt Lektionen, die man nicht auf diese Weise vermitteln sollte, wie beispielsweise: „Wenn ich einen fremden Hund streichle, werde ich gebissen." Nicht alle Lektionen sind dazu geeignet, auf diese Weise gelernt zu werden. Und es setzt auch voraus, dass wir den Kindern Spielräume lassen, innerhalb derer es ihnen überhaupt möglich wird, etwas falsch zu machen. Wer sein Kind jeden Morgen höchstpersönlich aus dem Bett holt und anzieht, gibt ihm keine Chance zu erfahren, wie es ist, unpünktlich zu sein. Zur Vertiefung dieser Methode empfehle ich Ihnen die Klassiker von Rudolf Dreikurs: „Kinder fordern uns heraus" und „Kinder lernen aus den Folgen". (Allerdings stimme ich nicht völlig mit Dreikurs überein, der auch elterliche Bestrafung als „logische Folgen" versteht.)

Entscheidend bei all dem ist, dass das Kind einen Zusammenhang herstellen kann zwischen seinem Verhalten und den sich daraus ergebenden Folgen. Denn wenn es diesen Zusammenhang begreift, kann es entscheiden. Es verfügt über die Möglichkeit und Freiheit der Wahl. Dann kann es sein Verhalten auf bestimmte erwünschte Folgen hin ausrichten und kann durch sein Verhalten andere und unerwünschte Folgen vermeiden. So übernimmt es Verantwortung für sein Handeln.

Natürlich genügt es nicht, wenn ein Kind lernt, Verantwortung für sich selbst zu übernehmen. Es muss auch dazu imstande sein, Verantwortung für andere und für die Gesellschaft zu übernehmen, in der es lebt. Hier scheint großer Handlungsbedarf zu bestehen, wenn man den Ergebnissen der neuen Shell-Jugendstudie 2002 Glauben schenken darf. Offenbar sind für die jungen Leute „tolles Aussehen, Markenkleidung, neues Handy" von überragender Wichtigkeit (Die Zeit). Ihre Wertvorstellungen haben sich ins Private verlagert, Engagement zeigen sie nur noch im persönlichen Umfeld. Sie demonstrieren hingegen wenig Interesse an sozialen und gesellschaftlichen Belangen, so wenig, dass die Autoren der Studie warnen, dadurch könnte langfristig das Fundament der Demokratie bedroht sein. Das sind in der Tat beunruhigende Vorstellungen, denn wir wollen uns bestimmt nicht wissentlich eine Generation von hemmungslosen Egozentrikern heranziehen. Das können wir uns heute weniger denn je leisten.

> *„Die Menschheit ist in einem solchen Maße zu einer großen Familie geworden, dass wir für unser eigenes Wohlergehen nicht mehr garantieren können, außer, wir garantieren für das aller anderen auch. Wer für sich selbst glücklich sein will, muss, ob er nun will oder nicht, auch für das Glück der anderen sorgen." (Bertrand Russell)*

Es wäre gut, wir könnten unseren Kindern das begreiflich machen. Es wird uns um so eher und überzeugender gelingen, je mehr wir Erwachsenen selbst mit unserem Handeln dieser Erkenntnis Rechnung tragen. Gleichgültige Erwachsene werden mit hoher Wahrscheinlichkeit gleichgültige Kinder erziehen.

Kinder befinden sich zu Beginn ihres Lebens in einer natürlichen Abhängigkeit und erleben, dass andere etwas für sie tun. Aber wenn sie älter werden, müssen sie sich zu fragen beginnen, was sie selbst für andere tun können. Sie können damit beginnen, Verantwortung in der Familie zu übernehmen.

Während ich dieses Buch schreibe, rückt Weihnachten heran. Meine Kinder wünschen sich eine große Familienfeier mit ihren Cousins, mit Tante und Onkel. Ich bin wegen der Arbeit an meinem Buch nicht bereit zu tagelanger Plackerei. Ich frage stattdessen meine Kinder, was sie zu tun bereit sind, damit das Familienfest schön wird. Und so beginnen meine Mädchen, das Haus aufzuräumen, es sauber zu machen und weihnachtlich zu schmücken. Sogar Weihnachtskekse wollen sie selber backen. Sie übernehmen damit Verantwortung sowohl für ihre eigenen Interessen als auch für die Gemeinschaft.

Es gibt viele Möglichkeiten, Kindern die Verantwortung für andere, für die Gemeinschaft zu vermitteln. So erlebe ich beispielsweise in dieser Hinsicht die Arbeit der Pfadfinder als sehr hilfreich. Dort werden Kinder systematisch darauf vorbereitet, Verantwortung zu übernehmen, etwas für andere zu tun und es zu genießen. Darüber hinaus können wir unsere Kinder ermutigen, sich verantwortlich zu verhalten, indem sie Funktionen in der Gemeinschaft übernehmen, wie z. B. als Klassensprecher. Das ist schon deshalb sinnvoll, weil ganz besonders in machtvollen Funktionen Verantwortungsbewusstsein gefragt ist. „Macht ist eine schwere Prüfung für den Charakter", hat Gertrud Höhler einmal geäußert. Gerade wenn Menschen ein Amt oder eine Position bekleiden, in der sie Entscheidungen treffen dürfen bzw. müssen, sollten sie den Umgang mit Macht verantwortungsbewusst betreiben. Den Grundstein dafür können wir mit unserer Erziehung legen.

Bereitschaft zum Zweifel und Verzicht auf Eindeutigkeit

Oliver kann seinen Klassenkameraden Lars nicht leiden. Lars ist ein Angeber, Lars drängelt sich überall vor, Lars beansprucht stets bei allen gemeinsamen Aktivitäten die Führung für sich. Oliver findet das ätzend und versucht deswegen, Lars aus dem Weg zu gehen. Sich dermaßen in den Vordergrund zu spielen hält er für inakzeptabel. Dann passiert etwas, das Olivers Haltung verändert: Als sich eine Handvoll Klassenkameraden nachmittags mit ihren Fahrrädern treffen und in der Gegend herumfahren, hat einer der Jungen einen Unfall; er stürzt in einer Kurve, weil der Boden sandig ist. Dabei bricht er sich den Arm und zieht sich einige Schürfwunden zu. Lars ist der einzige von den Jungen, der einen kühlen Kopf bewahrt. Er leistet erste Hilfe, beruhigt den Verletzten und ruft von seinem Handy aus einen Krankenwagen. Die anderen Jungen stehen nur hilflos herum. Nach diesem Ereignis überlegt Oliver sich, ob Lars nicht zurecht die Führerschaft für sich beansprucht und dafür Respekt statt Missbilligung verdient.

Hier macht ein Kind eine Erfahrung, die nicht vereinbar ist mit dem Bild, das er bislang von seinem Klassenkameraden hatte. Indem er eine neue Information über ihn erhält, kann er an seiner bisherigen Wahrheit nicht mehr festhalten. Er muss sich nun ein neues Bild machen.

Wir leben in einer Zeit, in der wir nicht nur mehr Freiräume genießen und damit mehr Erfahrungen machen können als früher (denken Sie nur an die Möglichkeiten, andere Kontinente zu bereisen!); vielmehr stehen uns durch die neuen Medien auch mehr Informationen zur Verfügung als je zuvor.

In einer multikulturellen Informationsgesellschaft wie der unseren, die sich zudem permanent und rasch wandelt, wird es deshalb immer schwieriger, Gewissheiten zu erlangen und daran festzuhalten. Unsere Möglichkeiten, Erfahrungen zu machen, haben sich während der letzten hundert Jahre vervielfältigt. Was heute noch gilt, kann deshalb morgen schon überholt sein. Woran wir heute noch glauben, kann sich morgen schon als falsch herausstellen. Sehr viele unserer Wahrheiten besitzen nur noch den Charakter der Vorläufigkeit. Wir müssen lernen, mit der Ungewissheit zu leben. Wir müssen den Zweifel an unseren Wahrheiten zulassen können, müssen es aushalten, dass die Welt nicht eindeutig ist.

In früheren Jahrhunderten war das anders. Damals gaben der Herrscher und die Kirche vor, woran die Menschen sich zu halten hatten. Das Unfehlbarkeitsdogma in der katholischen Kirche ist nur ein Beispiel dafür, wie sicher man sich zu sein glaubte. Zweifeln war verdächtig und unerwünscht. Man war überzeugt davon zu wissen, wo es lang geht, und marschierte gemeinschaftlich in dieselbe Richtung. Zwar gab es zu allen Zeiten Kritiker und Zweifler, aber mit diesen machte man üblicherweise kurzen Prozess und gefiel sich weiterhin als Hüter der einzigen Wahrheit.

Heute dürfen wir zweifeln. Das ist ein Glück, weil wir damit Freiheit gewinnen; aber es bereitet auch Probleme. Denn worauf soll man sich verlassen, woran noch glauben, wenn doch alles bezweifelt werden kann? Wenn es nichts Absolutes mehr gibt? Kann man sich da noch wundern, dass einige Jugendliche dem Satanskult huldigen oder so viele Menschen mittlerweile der Esoterik anhängen? Das Bedürfnis nach Eindeutigkeit ist groß. Wir suchen etwas, woran wir uns festhalten können. Wir suchen etwas, woran wir glauben können. Und dürfen doch sicher sein, nie absolute Sicherheit zu gewinnen.

Was sollen wir angesichts dieser Situation unseren Kindern sagen? Woran sollen sie glauben, wenn alle Erkenntnis vorläufig und mehrdeutig ist? Ich meine, unsere Kinder sollten von klein auf mit dem Zweifel umzugehen lernen und es aushalten können, dass die Dinge nun einmal komplex sind. Wir sollten ihnen keine Eindeutigkeit vormachen, wo es keine gibt, also ehrlich zu ihnen sein. Es kann bei unserer Erziehung nicht darum gehen, den Kindern die Welt eindeutig zu machen. Es genügt, wenn wir sie ihnen erklärlich machen. Sie werden zu jedem Sachverhalt ein paar Theorien zur Erklärung finden, die sich gegenseitig widersprechen. Das gehört zu einer demokratischen Gesellschaft, die eine Pluralität des Denkens zulässt. Wir gewinnen auf diese Weise Freiheit, nämlich die Freiheit der Sichtweisen und Gedanken, und müssen zugleich auf die Sicherheit verzichten, die die Eindeutigkeit uns geben würde. Darum erklären Sie Ihrem Kind die Welt so, wie Sie sie sehen. Und seien Sie sich dessen bewusst, dass auch andere Denkweisen möglich sind.

Wenn Sie beispielsweise gläubig sind, können Sie Ihrem Kind sagen: „Ich glaube fest an Gott. Aber ich weiß, dass viele andere Menschen das nicht tun und auch glücklich leben. Ich selbst jedoch bin davon überzeugt, dass es Gott gibt, und werde dir darum etwas von ihm erzählen. Und ich lebe mit dir nach seinen Regeln; denn ich erfahre fast jeden Tag neu, dass es eine gute Sache ist, an ihn zu glauben."

Wenn wir so zu unseren Kindern sprechen, signalisieren wir Folgendes:

1. Das ist meine Wahrheit, und ich habe gute Gründe dafür, die Dinge so zu sehen.
2. Es gibt Menschen, die das alles anders sehen und auch zurechtkommen.
3. Ich mute dir zu, diesen Mangel an Eindeutigkeit auszuhalten.
4. Wir leben hier in dieser Familie nach meinen Regeln, da ich nicht anders leben will und kann. Ich gebe auch für dich die Richtung vor auf der Grundlage meiner Überzeugungen. Denn ich habe nichts anderes.

Es kann durchaus geschehen, dass wir im Laufe der Zeit irgendwann feststellen, uns im Irrtum zu befinden. Dann sollten wir unser Verhalten entsprechend ändern. Dazu brauchen wir Disziplin, denn es ist schmerzlich, sich den eigenen Irrtum einzugestehen; und es ist mühsam, eine Veränderung vorzunehmen, wenn man sich erst einmal an bestimmte Dinge gewöhnt hat. Der Psychologe Michael Buchholz schreibt: „Jede Sichtweise ist gewissermaßen wie das Brett vor dem Kopf, das uns die Welt bedeutet." Hilfreich wäre darum eine Haltung, die sich mit folgenden Worten zum Ausdruck bringen ließe:

Ich glaube, dass es so ist, wie ich es sehe. Aber ich räume ein, dass sich die Dinge auch anders verhalten könnten. Ich handle auf der Grundlage meiner Überzeugungen, aber wenn sich herausstellen sollte, dass ich irre, werde ich mein Verhalten ändern.

Wenn wir unseren Kindern eine solche Haltung mitgeben können, ist viel gewonnen. Ich habe sie u. a. bei der Schriftstellerin Astrid Lindgren gefunden und war tief berührt von deren Fähigkeit, den Zweifel zuzulassen, auch da, wo es um Existentielles geht. In einem Interview 1986 hat sie geäußert: „Man muss leben, damit man sich mit dem Tod anfreundet … glaube ich, trallala." Frau Lindgren bringt hier zweierlei zum Ausdruck: die Fähigkeit, an der eigenen Erkenntnis zu zweifeln, und die Leichtigkeit ihrer Wirklichkeitskonstruktion. Sie nimmt weder sich noch ihre Wirklichkeit allzu ernst. In Zeiten des raschen Wandels wäre eine derartige Leichtigkeit dringend zu empfehlen, damit wir nicht ins Bodenlose stürzen, wenn wir unseren Irrtum bemerken. Der Autor Stanislaw Jerzy Lec bringt das wunderbar zum Ausdruck, indem er schreibt: „Konstruktionen sollten so leicht sein, dass – falls sie zusammenbrechen sollten – sie ihren Schöpfern keinen Schaden zufügen."

Balance

Unsere Werte weisen uns die Richtung für unser Handeln. Wenn wir allerdings an einem Wert völlig stur festhalten – komme was wolle –, schaffen wir uns damit ein Gefängnis, in dem wir uns beständig im Kreis drehen und unfähig sind, auf die Gegebenheiten des Lebens flexibel zu reagieren.

Simone verlangt von sich und ihren Kindern Pünktlichkeit. Für sie ist das ein Wert, der unverzichtbar ist, weil er Ordnung und Verlässlichkeit garantiert. Als die Kinder eines morgens das Haus verlassen wollen, um zur Schule zu gehen, finden sie vor der Haustür einen verletzten Igel. Sie bringen ihn ins Haus und kümmern sich um ihn. Simone ruft beim Tierarzt an und bittet um Rat, und über all der Sorge um das verletzte Tier wird es spät, so dass die Kinder nicht pünktlich in die Schule kommen. Simone findet das völlig in Ordnung und schreibt den Kindern eine Entschuldigung.

Die Kinder lernen hier: Pünktlichkeit ist sowohl wichtig als auch unwichtig.

Ines erzieht ihren Sohn Tobias zur Wahrheitsliebe. Sie kann sehr böse werden, wenn sie ihn bei einer Lüge erwischt. Sie hasst es, von ihm getäuscht zu werden, und geht selbst sehr ehrlich mit anderen um. Als Tobias zehn Jahre alt wird, kommt seine Großmutter zu Besuch. Die alte Dame ist schwer krank und lebt zurückgezogen in einer entfernten Kleinstadt. Sie hat trotz ihres körperlichen Gebrechens höchstpersönlich Geschenke für ihren Enkel gekauft. Darunter befindet sich ein Springseil und ein Pullover mit einem aufgestickten Märchenmotiv. Beides sind Dinge, durch die die Großmutter sich angesprochen fühlt. Diese Geschenke entsprechen ihren Vorstellungen davon, was einem Jungen wie Tobias gefallen könnte. Leider hat Tobias vollkommen andere Vorstellungen. Märchenmotive auf einem Jungenpullover findet er peinlich, und Springseile sind höchstens was für Mädchen. Trotzdem bedankt er sich bei seiner Großmutter und beteuert, wie schön er den Pullover fände und wie gern er Seil hüpfen würde. Eine glatte Lüge also. Am Abend lobt Ines ihn dafür und bedankt sich bei ihm, dass er ihre Mutter nicht verletzt hat.

Der Junge lernt von seiner Mutter: Man muss bei der Wahrheit bleiben und es ist manchmal gut zu lügen.

Wahrheit bedeutet, die Realität so darzustellen, wie sich die Dinge tatsächlich verhalten. Es ist, als würde man eine exakte Landkarte einer bestimmten Landschaft zeichnen. Und je exakter die Karte, desto weniger kann man sich verirren, desto besser wird man sich zurechtfinden. Darum hat Wahrheitsliebe solch eine große Berechtigung. Sie ist nämlich hilfreich und praktisch. Tatsächlich mag Tobias seine Geschenke nicht. Und was wäre nun das Hilfreiche und Praktische daran, wenn er es seiner Großmutter mitteilte? Sie wäre verletzt, es gäbe eine Verstimmung, und niemand hätte einen Nutzen davon. Vielleicht könnte Tobias der Großmutter bei nächster Gelegenheit einen Wink geben, was er sich wirklich wünscht. Aber die augenblickliche Situation ließe sich damit nicht verbessern. Da sitzt eine strahlende alte Dame, die glücklich darüber ist, ihrem Enkel ein Geschenk zu bringen. Und der Enkel lässt ihr dieses Glück, statt es zu zerstören.

> „Die Wahrheitsliebe ist das Herz aller Sittlichkeit." (Thomas Henry Huxley)

> „Alle grausamen Menschen bezeichnen sich als Hüter der Offenheit." (Tennessee Williams)

Ich meine: Beides ist richtig. Es kommt darauf an, wie wir die verschiedenen Werte und Wahrheiten ausbalancieren.

Es gibt keine absoluten Werte, und kein Verhalten dieser Welt ist aus sich selbst heraus positiv oder negativ, nicht einmal etwas so Extremes wie das Töten eines Menschen. Im Krieg kann es beispielsweise eine erwünschte Handlung darstellen, die sogar belohnt wird. In unserer Gesellschaft stellt es ein Verhalten dar, das als verwerflich und unerwünscht gilt, jedoch erscheint es uns unter bestimmten Umständen als akzeptabel, wenn es beispielsweise in Notwehr geschieht. Die Dinge sind nun einmal nicht schwarz oder weiß. Wenn wir unseren Kindern das vormachen würden, wären sie damit in ihrer Handlungsfreiheit auf unzulässige Weise eingeschränkt. Sie würden starren Verhaltensmustern folgen, statt sich flexibel an den Erfordernissen der jeweiligen Situation zu orientieren. Pünktlichkeit ist gut; aber nur, solange nichts Wichtigeres anliegt. Ehrlichkeit ist gut; aber nur, solange man damit niemanden unnötig verletzt oder selbst ins offene Messer läuft. Unehrlichkeit kann als Maßnahme zum Selbstschutz durchaus sinnvoll und legitim sein.

Und ähnlich verhält es sich auch mit anderen Werten. Es ist wichtig, dass unsere Kinder lernen, sowohl großzügig als auch sparsam zu sein, sowohl altruistisch als auch egoistisch usw. Jede Tugend verkommt zur Untugend, wenn sie einseitig gelebt wird. Jede Tugend kann nur dann zur Lebensbewältigung hilfreich sein, wenn sie ausgeglichen wird. Und wir sollten mal das eine und mal das andere leben, je nachdem, was gerade am besten passt: zu uns selbst, zu den anderen und zur Situation.

Das bedeutet nicht Beliebigkeit; denn wir sind uns selbst und anderen Rechenschaft schuldig für das, was wir tun. Wir müssen also gute Gründe für unser Verhalten vorweisen können; und uns zuvor die Mühe des Abwägens und Entscheidens machen. Das kann ganz schön anstrengend sein, erfordert es doch, für jede Situation wieder neu zu entscheiden. Wenn Pünktlichkeit und Verlässlichkeit als Wert anerkannt sind, müsste in jeder Situation, in der sich Pünktlichkeit als schwierig erweist, geklärt werden: Was ist mir im Augenblick das Wichtigste? Welchem Wert gebe ich hier und jetzt den Vorzug? Auf diese Weise kann man sich nicht bequem an einem Wert orientieren, den man einmal als richtig erkannt hat und dem man deswegen für alle Zeiten blind folgt. Vielmehr sind wir gezwungen, in jeder Situation wieder neu unsere Werte zu überprüfen und eine Entscheidung zu treffen. Dazu müssen wir uns unserer Werte sehr bewusst sein und danach handeln. Wir müssen wirklich Verantwortung für unser Handeln übernehmen, jede Minute unseres Lebens.

Damit sie das lernen, brauchen unsere Kinder unsere Hilfe. Wir können sie bei diesem Lernprozess am besten unterstützen, indem wir mit ihnen gemeinsam Handeln reflektieren. Das erfordert natürlich Zeit, denn ein solches Gespräch führt man nicht zwischen Tür und Angel.

Es ist Sonntagmorgen. Der Vater schlägt seinem neunjährigen Sohn Martin vor, gemeinsam ein wenig Rechnen zu üben, da Martin diese Woche eine schlechte Note in der Rechenarbeit bekommen hat. Martin lehnt das ab. Er hat keine Lust zu arbeiten.

Vater: *Wenn ich mir deine Rechenarbeit anschaue, dann habe ich den Eindruck, dass du etwas nicht verstanden hast und deshalb so viele Fehler gemacht hast. Ich erklär dir das Ganze noch mal, und dann üben wir ein bisschen zusammen.*

Martin: Aber heute ist Sonntag! Ich hab keine Lust zu üben. Und außerdem ist die Arbeit ja vorbei. Ich hab ja schon meine Note gekriegt.

Vater: Ja, und wenn du weiter so faul bist wie jetzt, kriegst du auch beim nächsten Mal wieder eine schlechte Note.

Martin: Du kannst mir das doch vor der nächsten Arbeit alles erklären.

Vater: Das dürfte dann zu spät sein. Man fängt doch nicht kurz vor der Klassenarbeit mit dem Lernen an! Und wer weiß, ob ich an dem Tag überhaupt Zeit fürs Üben habe. Du musst natürlich die ganze Zeit über fleißig arbeiten. Und nicht erst am Tag vor der Klassenarbeit damit beginnen!

Martin: Aber heute ist doch Sonntag! Keiner arbeitet am Sonntag, und in Religion hat Frau Goldstein gesagt, dass der Sonntag der Tag des Herrn ist, da soll man sich ausruhen. Der liebe Gott hat das auch gemacht, als er die Welt gemacht hat.

Vater: Sicher, da hat deine Lehrerin recht. Wer arbeitet, muss auch Pausen einlegen und sich mal ausruhen und faul sein.

Martin: Genau! Und du arbeitest zu viel. Mama schimpft, wenn du am Sonntag manchmal ins Büro fährst und wenn du zuhause so viel computerst.

Vater: Da hast du mich erwischt. Ich arbeite tatsächlich manchmal ein bisschen zu viel. Das kann ich mir aber nicht immer aussuchen, wie viel ich arbeiten muss. Es kann passieren, dass Dinge ganz plötzlich dringend werden und einfach erledigt werden müssen. Wenn ich dann nicht daran arbeite, geht was schief und es gibt Probleme in der Firma.

Martin: Aber ich bin doch nicht in der Firma! Und heute ist Sonntag!

Vater: *Also, es ist wichtig, fleißig zu sein, und es ist wichtig, dass man ausruht. Und ich habe den Verdacht, du hast dich in letzter Zeit ein bisschen viel ausgeruht. Sonst wäre nämlich deine Note besser ausgefallen.*
Weißt du was? Du arbeitest jetzt am Sonntag ein bisschen mit mir, weil du vorher so viel Pause gemacht hast, und ich komm morgen Abend ein bisschen früher von der Arbeit nach Hause, weil ich gestern und am letzten Wochenende so fleißig war. Dann können wir vielleicht morgen Abend noch was Schönes zusammen machen. Ist das ein Geschäft?

Martin: *Okay! Aber nicht so lange, ich will nicht so viel rechnen.*

Vater: *Jetzt lass uns erst mal sehen, was du überhaupt kannst und wo du noch üben musst. Also, bring mir doch bitte mal dein Heft und das Buch …*

Fleiß ist eine Tugend; Faulheit auch. Wer nur fleißig ist, arbeitet sich irgendwann zu Tode; andererseits gibt es keine Leistung und keinen Erfolg ohne entsprechenden Einsatz. Wir alle müssen lernen, Arbeit und Ruhe in Balance zu bringen, damit wir leistungsfähig sind und trotzdem gesund und entspannt. Das versucht der Vater in diesem Beispiel seinem Sohn zu vermitteln. Und dieses Prinzip der Balance gilt für alles, was wir tun. Das Ziel wäre, Kinder dahin zu bringen, dass sie ihre eigene Balance finden und sich auf diese Weise selbst regulieren.

Anleitungen für die Praxis

6. Wie disziplinieren Sie Ihr Kind?

Bis hierher haben wir uns mit allgemeinen Betrachtungen beschäftigt, mit der Frage, wozu wir überhaupt Disziplin brauchen und warum sie gerade heute so wichtig ist, welche Bedeutung sie für die Entwicklung unserer Kinder hat, wie sie beschaffen sein sollte, in welcher Beziehung sie zur Freiheit des Individuums steht und im Hinblick auf welche Werte wir heutzutage Disziplin von unseren Kindern erwarten sollten.

Im zweiten Teil meines Buches möchte ich ausführlicher untersuchen, wie Erwachsene praktisch im Alltag mit Disziplin umgehen können; was alles eine Rolle dabei spielen kann und was Sie tun können, wenn Ihr Kind sich undiszipliniert verhält. Disziplin ist ein komplexes Phänomen, und darum ist es mir unmöglich, Ihnen Patentrezepte an die Hand zu geben. Aber es gibt einige Dinge, die Ihnen auf jeden Fall hilfreich sein können.

Die Klarheit der Erwachsenen

Zu unseren Aufgaben als Erwachsene gehört es, den Kindern Orientierung zu geben. Was soll man tun, was soll man unterlassen? Wofür soll man sich einsetzen, welche Dinge lohnen die Mühe, welche nicht? Welche Regeln im täglichen Zusammenleben sind auf jeden Fall zu befolgen, welche Verhandlungsspielräume gibt es? Wozu sind wir überhaupt auf der Welt? Was macht uns glücklich? usw. Jeder Mensch setzt sich im Laufe seines Lebens immer wieder aufs Neue mit solchen Fragen auseinander.

Für Kinder ist eine derartige Auseinandersetzung zunächst nicht möglich. Wenn ein Baby geboren wird, weiß es noch nichts davon, was es bedeutet, ein Mensch zu sein. Erst allmählich entwickelt es ein Konzept von sich selbst und von der Welt um sich herum. Nach welchen Regeln das Leben abläuft, das lernen kleine Kinder durch uns und durch die täglichen kleinen Experimente, die sie machen. Wir Erwachsenen sind dabei für die Orientierung der Kinder verantwortlich, wir dienen ihnen als Kompass und vermitteln ihnen ein Konzept von sich und der Welt. Wir sagen ihnen, wer sie sind und nach welchen Regeln menschliches Leben und Zusammenleben funktioniert.

Wenn die Kinder älter werden, können sie vieles schon verstehen, haben Zusammenhänge durchschaut, ein gewisses Maß an Sicherheit im Umgang mit sich und der Welt gewonnen und können bereits vieles selbstständig handhaben. Das heißt aber nicht, dass unsere Aufgabe damit erledigt ist, denn auch bei einem Teenager besteht durchaus noch Orientierungsbedarf. Auch ein Fünfzehnjähriger braucht in aller Regel noch richtungsweisende Erwachsene, denn es tauchen in diesem Alter ja ganz neue Fragen auf, z.B. werden Partnerschaft und Sexualität, Beruf und Zukunftsplanung aktuell. Bei diesen und anderen Fragen benötigen Jugendliche eine Orientierungshilfe. Wir täten ihnen nichts Gutes damit, würden wir ihnen diese Hilfe versagen mit dem Hinweis darauf, dass sie ja nun alt genug seien, selbst zu entscheiden. Natürlich sollen sie zunehmend lernen, eigenständige Entscheidungen zu treffen. Aber sie wären überfordert, alles in ihre eigenen Hände zu nehmen. Um sich zu orientieren, brauchen sie noch unsere Hilfe, und zuweilen müssen wir auch einem älteren Teenager etwas verbieten, weil wir wissen, dass es gefährlich oder schädlich ist, während er vielleicht damit seine Freiheit demonstrieren möchte. Denn auch Teenager sind definitiv noch nicht erwachsen. Sie brauchen uns nach wie vor, um ihren Weg zu finden, obwohl wir ihnen natürlich in diesem Alter schon vielerlei Handlungsspielräume gewähren sollten.

Der elfjährige Max will gleich am frühen Nachmittag das Haus verlassen, um seinen Freund Erik zu besuchen. Erik besitzt zwei neue Nintendo-Spiele, und hat einige Klassenkameraden eingeladen, am Nachmittag mit ihm zu spielen. Max hat großes Interesse daran. Seine Mutter sitzt nach dem Mittagessen noch mit einem Kaffee im Wohnzimmer und hört, wie die Haustür geöffnet wird.

Mutter: Max? Bist du das?

Max: Ich geh jetzt rüber zu Erik.

Mutter: Was willst du denn bei Erik? Hast du überhaupt schon deine Hausaufgaben erledigt?

Max: Erik will, dass ich mit ihm seine neuen Nintendo-Spiele ausprobiere.

Mutter: (ist aufgestanden und geht nun zu ihm in den Flur) Und was ist mit deinen Hausaufgaben?

Max: Mach ich später.

Mutter: Die Hausaufgaben sind aber wichtig.

Max: (gibt keine Antwort und hält die Klinke der Haustür in der Hand)

Mutter: Was hast du denn auf?

Max: Ach, bloß Mathe und Deutsch.

Mutter: Und was ist mit Englisch? Ihr hattet doch heute auch eine Doppelstunde in Englisch!

Max: Das brauch ich doch erst übermorgen fertig haben. Wir haben ja morgen kein Englisch.

Mutter: Also, ich finde das nicht gut, dass du weggehst, ohne deine Hausaufgaben gemacht zu haben.

Max: Aber das ist doch gar nicht viel, das kann ich auch nachher noch schnell machen. Und Erik wartet auf *mich. Und Lukas und Lars kommen auch. Ich hab mich schon den ganzen Vormittag drauf gefreut.*

Mutter: *Ja, das denk ich mir, dass ihr euch freut, zusammen die neuen Spiele auszuprobieren. Und das ist ja auch schön, wenn ihr was zusammen macht. Aber die Hausaufgaben sind wichtig.*

Max: *Ja, die mach ich schon noch. Wenn ich wiederkomme.*

Mutter: *Ja, bist du dann nicht vielleicht schon zu müde? Kannst du dich später überhaupt noch richtig konzentrieren?*

Max: *Mama, die warten auf mich. Wenn ich jetzt nicht losgehe, fangen die ohne mich an.*

Mutter: *Aber komm nicht so spät zurück, hörst du?*

Max: *Nein. Tschüss.*

Die Mutter möchte im Grunde nicht, dass ihr Sohn zu seinem Freund spielen geht. Ihr wäre es lieber, er würde zuerst seine Hausaufgaben erledigen. Sie versteht, wie wichtig ihm das Treffen mit seinen Freunden ist, und ist hin- und hergerissen. Auf diese Weise kann sie keine Entscheidung treffen, sondern überlässt das Entscheiden ihrem Sohn. Der nimmt es mit seinen Hausaufgaben nicht sonderlich ernst („bloß Mathe und Deutsch" – immerhin beides Hauptfächer!). Dafür scheint ihm das Spielen mit seinen Freunden umso wichtiger zu sein. Aus diesem Grund steht für ihn die Entscheidung fest: Zuerst kommen die Freunde, und später irgendwann die Hausaufgaben. Die Mutter versucht noch, auf wenig überzeugende und eher lahme Weise, den Hausaufgaben zu ihrem Recht zu verhelfen: „Aber komm nicht so spät zurück, hörst du?", sagt sie. Hier kommuniziert sie sehr unklar, denn was bedeutet „spät"? Das ist Interpretationssache, und so kann Max sich aussuchen, wann er nach Hause kommen möchte.

Die Mutter in diesem Beispiel kapituliert vor ihrer Erziehungsaufgabe, weil sie einfach nicht imstande ist, sich zu entscheiden. Was kommt zuerst: die Hausaufgaben oder das Spiel mit den Freunden? Sie favorisiert zwar die Hausaufgaben, ist darin aber nicht klar und stellt keine eindeutige Forderung. Und Max hat nichts zu befürchten, wenn er so lange bei seinem Freund bleibt, wie er will.

Eltern versäumen es deshalb so oft, Einfluss auf ihre Kinder zu nehmen, weil sie sich selbst nicht klar sind über folgende Fragen:

- Soll/darf ich mich einmischen?
- Was soll ich dem Kind sagen, und was darf ich von ihm verlangen?

Zur ersten Frage lässt sich sagen: Ja, Eltern *dürfen* nicht nur, sie *müssen* sich sogar einmischen. Das gehört zur Aufgabe des Erziehens dazu. Es ist unser Recht und unsere Pflicht, den Kindern bestimmte Verhaltensweisen abzuverlangen und ihnen andere zu untersagen. Und darüber zu wachen, dass sie sich an diese Vorgaben halten.

Das ist nicht etwa spießig, wie manche Leute glauben, das ist lediglich verantwortungsbewusst. Es kann uns Erwachsene Mühe und Nerven kosten. Trotzdem haben wir die Aufgabe, immer wieder mit den Kindern über Werte und daraus resultierende Verhaltensweisen zu sprechen und manchmal auch darum zu ringen, dass sie sich wunschgemäß verhalten. Wenn ein junger Mensch beispielsweise heimlich Alkohol konsumiert, dürfen die Erwachsenen einfach nicht wegsehen. Sie müssen mit ihm über Alkoholmissbrauch sprechen und *mit* ihm oder im Extremfall auch *für* ihn Grenzen festsetzen. Und sie müssen das Kind oder den Jugendlichen danach nicht selten immer wieder kontrollieren und über die Einhaltung der Grenzen wachen. Das kann sehr anstrengend sein, und in vielen Fällen wird es dem Kind bzw. Jugendlichen nicht gefallen, wie die Erwachsenen die Sache sehen. Dann kommt es zu Auseinandersetzungen zwischen Kindern und Erwachsenen. Und das ist gut so.

Denn wie sähe die Alternative aus? Wir können den Kindern schließlich nicht in allem die Entscheidung überlassen, denn sie sind in vielen Fällen schlichtweg unfähig, eine fundierte Entscheidung zu treffen. Da wird beispielsweise geraucht und gekifft, weil die Clique das erwartet. Und der junge Mensch ist nicht im Stande, frei zu entscheiden und sich anders zu verhalten, als die Normen der Clique es vorgeben. Mehrere Jahrzehnte Erfahrungsvorsprung befähigen den Erwachsenen, viele Dinge genauer einzuschätzen, als ein Kind es vermag. Es besser zu wissen als das eigene Kind und nichts zu sagen, das hat nichts mit Liberalität zu tun, wie manch einer denkt. Es ist schlicht verantwortungslos und hat wohl mehr mit der Bequemlichkeit der Erwachsenen als mit einer liberalen und großzügigen Einstellung zu tun.

Darum mischen Sie sich ein! Fragen Sie Ihr Kind „Wo willst du hin?" oder „Was tust du da?". Fordern Sie eine Antwort und nehmen Sie dazu Stellung! Sprechen Sie mit ihm! Haben Sie keine Angst, dass Ihr Kind Sie „ätzend" findet oder „uncool". Tatsache ist: Die vermeintliche Coolness unserer Kinder und Jugendlichen ist lediglich eine Methode, mit der sie ihre eigene Unsicherheit und Verwirrung verbergen. Sie sind lange nicht so cool, wie sie vorgeben. Und insgeheim sehnen sie sich danach, dass jemand sich um sie kümmert und ihnen hilft, sich zu orientieren und ihren Weg zu finden.

Natürlich kann man Einmischung übertreiben, bis sie zur Gängelung und Fremdbeherrschung entartet. Trotzdem dürfen wir darauf nicht grundsätzlich verzichten. Denn Einmischung bedeutet nicht nur Orientierungshilfe, sondern auch Zuwendung. Wenn Eltern sich einmischen, heißt das zugleich, sie nehmen ihr Kind wahr und nehmen es wichtig, und es ist ihnen nicht gleichgültig, wie es ihm geht und was es tut.

Was die zweite Frage betrifft: Es ist an Ihnen zu entscheiden, was Sie Ihrem Kind sagen wollen und welche Richtung Sie ihm weisen. Hier geht es um Entscheidungen, die Ihnen als Vater oder Mutter zustehen, und die Ihnen auch niemand abnehmen kann.

Bevor Sie also Einfluss auf Ihr Kind nehmen können, brauchen Sie Zeit, um Ihre Gedanken zu ordnen und festzustellen, was Ihnen wichtig ist. Und erst wenn der Klärungsprozess in Ihrem Kopf abgeschlossen ist, können Sie einem Kind mit Überzeugung gegenübertreten. Kinder wären vielleicht von sich aus viel mehr zur Disziplin bereit, wenn die Erwachsenen in ihren Forderungen sicherer wären und überzeugender auftreten würden. Aber viele Eltern stellen ihre Forderungen nur halbherzig, statt mit innerer Sicherheit. Die Kinder spüren das und entscheiden dann selbst.

In unserem Beispiel ist die Mutter von Max nicht vollkommen sicher, ob die Hausaufgaben wichtiger sind als das Spiel mit den Freunden oder umgekehrt. Sie tendiert dazu, die Hausaufgaben für wichtiger zu halten, aber sie wirkt nicht überzeugend, weil sie selbst nicht überzeugt ist. Daher gibt sie keine eindeutigen Verhaltensanweisungen und bleibt in ihren Forderungen vage.

Erziehung setzt also die Selbstklärung der Erwachsenen voraus. Sie müssen, um Einfluss auf ihre Kinder nehmen zu können, den eigenen Standpunkt gefunden und eine eigene Meinung entwickelt haben. Das bedeutet Arbeit an sich selbst. Wir stehen hier zugegebenermaßen vor keiner leichten Aufgabe. Wir werden Geduld mit uns selbst brauchen und uns auch immer wieder Fehler verzeihen müssen. Denn in einer komplexen Welt fällt es oft alles andere als leicht, fundierte Entscheidungen zu treffen.

> „Wäre eine Entscheidung die Wahl zwischen Alternativen, so wäre es leicht, eine Entscheidung zu treffen. Doch Entscheiden ist die Auswahl und Definition von Alternativen.“ (Kenneth Burke)

Kinder annehmen und stärken

Die zehnjährige Simone soll eine Zahnspange bekommen. Sie weiß von ihren Freunden, dass Zahnregulation manchmal unangenehm sein kann. So hat sie beispielweise be-

obachten können, wie eine Freundin nach einem Besuch beim Kieferorthopäden zwei Tage lang nicht mehr richtig kauen konnte und sich von Brei ernähren musste. Aus diesem Grund hat Simone Angst vor dem Besuch beim Kieferorthopäden. Sie will keine Zahnspange bekommen und lieber schiefe Zähne behalten. Als sie jammernd durch die Wohnung läuft, schüttelt der Vater den Kopf über sie und sagt: „Nun stell dich mal nicht so an, du Angsthase! Sei lieber froh, dass du bald so schöne Zähne hast!"

Der Vater verweist darauf, dass das Ergebnis der Behandlung die Mühe wert ist. Damit will er seiner Tochter ganz rational einen Zusammenhang aufzeigen, mit dem er sie zu überzeugen hofft. „Halt aus, es ist die Sache wert!" will er ihr sagen; Er fordert also Disziplin. Gleichzeitig teilt er ihr aber noch etwas anderes mit:

- „Deine Gefühle sind unangemessen." (Missbilligung)
- und „Ich halte dich für einen Angsthasen." (Missachtung)

Man braucht nicht viel Phantasie, um sich vorzustellen, wie Simone sich nun fühlen muss. Zusätzlich zu der Angst, die sie nun einmal hat, und die ja auch begründet ist, erfährt sie nun Ablehnung und Beschimpfung. Das durchaus berechtigte Sachargument des Vaters wird vermutlich wenig Einfluss auf Simones Angst haben, da sie von ihren Gefühlen beherrscht wird. Daher macht die Bemerkung des Vaters die Situation für Simone nur schlimmer. Sie hat jetzt nicht nur Angst, sondern fühlt sich zusätzlich verletzt, und ihre Selbstachtung nimmt Schaden. Es ist sehr fraglich, ob ihr der Vater auf diese Weise hilft, die nötige Disziplin aufzubringen, um eine unangenehme Behandlung gelassen durchzustehen.

Später, in der Praxis des Kieferorthopäden, ist Simone überfordert und verstört. Sie weint laut, während sie behandelt wird. Man hört ihr Wehgeschrei bis ins Wartezimmer, und dem Vater ist diese Situation entsetzlich peinlich. Er schämt sich für sein Kind und fragt sich, warum Simone sich so gehen lässt und sich nicht ein bisschen zusammenreißen kann.

Wie anders hätte die Geschichte verlaufen können, wenn der Vater sich annehmend und verständnisvoll gezeigt hätte und darüber hinaus versucht hätte, seiner Tochter Mut zu machen! Er hätte ihr vielleicht sagen können:

„Ja, ich kann mir vorstellen, dass du ein bisschen Angst hast vor der Behandlung. Das ist normal, das kann jedem so gehen."

Damit hätte er Annahme signalisiert und ihr Gefühl als verständliche und angemessene Reaktion eingestuft. Und weiterhin hätte er sagen können:

„Weißt du, ich glaube, dass du keine allzu große Angst zu haben brauchst. Erinnerst du dich, wie du letztes Jahr hingefallen bist und dir die Lippe aufgeschlagen hast? Das war viel schlimmer als alles, was dich bei deinem Kieferorthopäden erwartet, und das hast du doch sehr tapfer ausgehalten. Wenn du das aushalten kannst, dann kannst du auch 10 Kieferorthopäden aushalten! Du schaffst das, denn du hast ja schon ganz anderes geschafft."

Auf diese Weise könnte der Vater ihr Mut machen. Er verweist auf einen früheren Erfolg, bei dem Simone ihre Tapferkeit unter Beweis gestellt hat. Er zeigt ihr, dass sie allen Grund hat, an sich selbst zu glauben.

Der Vater könnte sogar noch mehr tun, indem er ihr Unterstützung anbietet. Er könnte beispielsweise fragen:

„Gibt es etwas, das dir helfen könnte, tapfer zu sein?"

Simone könnte dann überlegen, welche Möglichkeiten sie hat, ihrer Angst aktiv zu begegnen. Sie würde damit lernen, Verantwortung für sich selbst zu übernehmen, statt im Jammern Zuflucht zu suchen. Vielleicht würde sie sich wünschen, dass der Vater ihre Hand hält während der Behandlung oder dass er ihr eine Belohnung verspricht, an die sie intensiv denken kann, wenn sie Angst hat auf dem Behandlungsstuhl.

All diese Maßnahmen – das Kind annehmen, ihm Mut machen, ihm Unterstützung anbieten – werden einem Kind in Simones Situation helfen, diszipliniert zu sein und das zu tun, was langfristig vernünftig ist. Und wenn ein Kind in einer solchen Situation Erfolg erlebt, wird es Kraft daraus schöpfen und für zukünftige Situationen noch besser gewappnet sein. Denn ein Erfolg tut dem Selbstbewusstsein gut und hilft einem Kind, an sich zu glauben. Es wird stärker und lebenstüchtiger.

Die richtige Zieldefinition

Ich habe zuvor schon darauf hingewiesen, dass Disziplin nur eine Sekundärtugend darstellt. Sie wird nicht um ihrer selbst willen ausgeübt, sondern weil sie einem „höheren" Ziel dient. Wir Erwachsenen müssen uns klar werden, warum wir in einer bestimmten Angelegenheit Disziplin von den Kindern fordern. Das klingt einfacher, als es tatsächlich häufig ist.

Nehmen wir dazu ein Beispiel:

Eine Mutter verlangt von ihrem Kind: „Räum dein Zimmer auf!" Aus dieser Aufforderung kann das Kind noch nicht schließen, worum es der Mutter geht, worin also das Ziel besteht. Es wären nämlich eine ganze Reihe unterschiedlicher Ziele denkbar, die alle Ausdruck fänden in der Aufforderung: „Räum dein Zimmer auf!" Die Mutter kann u. a. folgende Gründe für diese Aufforderung haben:

1. *Sie will, dass alle Gegenstände im Zimmer sorgfältig aufgeräumt werden, weil für sie Ordnung einen Wert an sich darstellt. Sie selbst fühlt sich am wohlsten, wenn sich alle Dinge an ihrem Platz befinden. Darum müsste in diesem Fall jedes Ding penibel an seinen Platz gelegt werden.*
2. *Vielleicht will die Mutter aber auch damit erreichen, dass das Kind wieder konzentrierter und intensiver spielt. Wenn Chaos im Kinderzimmer herrscht, fällt es Kindern*

schwerer, ein Spiel auszuwählen und sich darauf zu konzentrieren. Das würde bedeuten, das Kind müsste vor allem Übersichtlichkeit im Zimmer herstellen. Vielleicht wäre es sogar hilfreich, wenn die Mutter einige Dinge vorübergehend aus dem Kinderzimmer entfernen würde, um Übersichtlichkeit zu erzeugen.

3. *Möglicherweise erwartet die Mutter Besuch und befürchtet nun, die Gäste würden in das Kinderzimmer sehen und den Eindruck gewinnen, sie, die Mutter, sei eine schlampige Person, weil sie ihrem Kind keine Ordnung beibringen würde. Dann bestünde das Ziel der Mutter darin, einen guten Eindruck zu machen. In diesem Fall würde es genügen, wenn das Kind alle Dinge in die Kommoden und Schränke wirft, so dass das Zimmer oberflächlich betrachtet aufgeräumt wirkt.*
4. *Vielleicht möchte die Mutter mit dem Staubsauger den Teppich reinigen. Das geht aber nicht, weil der Boden übersät ist mit Kleidern und Spielsachen. In diesem Fall wäre das Ziel die Reinigung des Teppichs, und dafür würde es genügen, wenn das Kind vorübergehend alle Dinge auf seinem Bett ablegt.*
5. *Vielleicht geht es der Mutter aber auch darum, dass sie alle Dinge pfleglich behandelt wissen will. Sie befürchtet vielleicht, schöne und teure Dinge könnten auf dem Teppich zertreten werden, wenn sie dort herumliegen. Oder sie hat Angst, es könne in dem Durcheinander etwas verloren gehen. Wäre das der Fall, ginge es beim Aufräumen vor allem darum, einen sicheren Platz für alle Dinge zu finden, beispielsweise einen Platz, von dem nichts herunterfallen kann, wo schöne Dinge nicht einstauben können oder wo alles so gut sortiert ist, dass man jedes Teil sofort wiederfindet.*
6. *Vielleicht denkt sich die Mutter aber auch, dass die Ordnung der Gedanken und die Ordnung im Zimmer zusammenhängen und sich gegenseitig beeinflussen. Ihr Ziel wäre dann die Ordnung der Gedanken und das Mittel dazu wäre die Ordnung im Kinderzimmer. Dann*

ginge es beim Aufräumen vor allem darum, ein gutes Ordnungssystem zu entwickeln, z. B. alles Konstruktionsspielzeug in dasselbe Regal zu legen, alle Kuscheltiere auf einen Haufen usw.

Es wäre denkbar, dass mit der Aufforderung zum Aufräumen des Kinderzimmers auch noch andere Ziele verbunden sind, aber ich will dieses Beispiel nicht zu sehr ausufern lassen. Ich möchte damit lediglich Folgendes demonstrieren: Wir müssen unser jeweiliges Ziel ganz genau vor Augen haben, wenn wir den Kindern ein diszipliniertes Verhalten abverlangen. Wir müssen wissen, worum es uns geht, sonst sind wir nämlich undeutlich in unserer Kommunikation und können den Kindern das Ziel nicht genau vermitteln. In diesem Fall wären wir weder überzeugend noch glaubwürdig und könnten deshalb auch nicht viel erreichen.

Wenn wir selbst das Ziel klar vor Augen haben, ist damit nur der erste Schritt getan. Der nächste besteht darin, das Ziel zu formulieren. Hierbei kommt es darauf an, bestimmte Kriterien zu erfüllen; denn die Art der Zielformulierung kann über Erfolg und Misserfolg entscheiden. Die Wahrscheinlichkeit des Erfolges ist dann am größten, wenn folgende Kriterien erfüllt sind:

a) Es ist sehr wichtig, dass das Ziel *realistisch und machbar* ist.
   Bevor Sie Ihrem Kind ein bestimmtes diszipliniertes Verhalten abverlangen, sollten Sie natürlich sicher sein, dass die Erreichung des Ziels wirklich und wahrhaftig in der Macht des Kindes liegt. Es wäre beispielsweise unsinnig, von einem Zweijährigen zu erwarten, es solle sein Zimmer alleine aufräumen. Damit ist ein so kleiner Mensch einfach noch überfordert. Zweijährige können schon tatkräftig helfen, wenn die Erwachsenen aufräumen, aber sie sind noch nicht in der Lage, eine solche Aufräumaktion alleine durchzuführen.
   Wenn ein Kind mit einem Ziel überfordert wird, birgt das eine nicht zu unterschätzende Gefahr; wir wissen nämlich

aus der psychologischen Forschung, dass Überforderung mit großer Zuverlässigkeit Motivation zerstört. Ist ein Kind beispielsweise in der Schule über einen längeren Zeitraum hinweg überfordert, wird es die Lust am Lernen und an der Schule verlieren und sich dann erst gar nicht mehr anstrengen. Darum vergewissern Sie sich, dass Ihr Kind auch wirklich in der Lage ist, das zu leisten, was Sie von ihm fordern.

b) Das Ziel muss *positiv formuliert* sein und die Anwesenheit von etwas, nicht etwa die Abwesenheit von etwas bezeichnen.
Wir wissen aus der therapeutischen Praxis, wie gering die Chancen sind, ein negativ formuliertes Ziel tatsächlich zu erreichen. Wenn Sie also eine Forderung an Ihr Kind stellen, formulieren Sie sie unbedingt positiv. Sagen Sie nie Dinge wie „Hör auf, dich so albern zu benehmen!“, „Du sollst nicht so unordentlich (faul, rücksichtslos, unzuverlässig ...) sein!“. Sagen Sie Ihrem Kind lieber, was Sie *stattdessen* von ihm erwarten. Sagen Sie „Ich möchte, dass du Punkt sechs Uhr wieder hier bist“ oder „Ich möchte, dass du täglich 20 Minuten lang Klavier übst“ oder „Ich erwarte, dass du in deinem Zimmer den Fußboden frei räumst und alles Spielzeug an seinen Platz legst“ usw. Eine positive Formulierung dieser Art hat eine viel größere Chance, von Ihrem Kind angenommen zu werden; denn ein positiv formuliertes Ziel ist eindeutig richtungsweisend und lässt sich viel leichter verwirklichen als ein negativ formuliertes Ziel. Sagen Sie Ihrem Kind hingegen Dinge wie „Sei nicht so egoistisch“, dann weiß es nicht, was von ihm erwartet wird. Ein solches Ziel ist nur schwer zu verwirklichen.

c) Weiterhin sollte das Ziel so *konkret und präzise* wie möglich formuliert sein.
Es leuchtet ein, dass ein vage formuliertes Ziel wenig Aussicht auf Verwirklichung hat. „Räum mal endlich dein Zimmer auf“ führt meiner Erfahrung nach in der Praxis

bestenfalls dazu, dass ein paar Dinge im Zimmer ein wenig umsortiert und andere unters Bett geschoben werden. Ganz anders klingt es, wenn man dem Kind sagt: „Räum bitte mal die Spielsachen vom Boden ins Regal zurück und bring die schmutzige Wäsche aus deinem Zimmer in den Wäschekorb." Das wäre eine konkrete Zielanweisung, die Missverständnisse weitgehend ausschließt. Wenn Sie nur sagen „Räum auf", ist damit nicht klar, worum es Ihnen geht, und es wäre vorstellbar, dass Ihr Kind unter „aufräumen" etwas anderes versteht als Sie.

Ziele zu konkretisieren, erfordert etwas Nachdenken. Angenommen, Sie wollten Ihr Kind dazu erziehen, anderen Menschen mit Achtung zu begegnen. Dann genügt es natürlich nicht, Ihrem Kind zu sagen: „Du musst andere achten!" Damit könnte gerade ein jüngeres Kind nicht viel anfangen. Stattdessen gilt es zu überlegen: Woran lässt sich erkennen, dass eine Person anderen Menschen Achtung entgegenbringt? Die Antwort auf diese Frage entspricht den Dingen, die Sie konkret von Ihrem Kind fordern würden: pünktlich sein, andere Menschen beim Sprechen nicht unterbrechen, jemandem die Tür aufhalten, freundlich grüßen, den Menschen in die Augen sehen usw. Diese Dinge würden Sie Ihrem Kind abverlangen, wenn „Achtung vor anderen Menschen" Ihr erklärtes Erziehungsziel wäre.

d) Wichtig ist auch, eine *Terminierung* vorzunehmen.
Innerhalb welchen Zeitraumes soll das Ziel verwirklicht werden? Wann soll es losgehen? Wie lange soll die Angelegenheit dauern? Bis wann soll die Sache abgeschlossen sein? Fragen dieser Art müssen unbedingt geklärt werden. Zielformulierungen wie „Dein Zimmer muss mal wieder aufgeräumt werden" sind nicht klar genug, denn was heißt „mal wieder"? Soll das Kind sofort damit beginnen oder erst morgen oder nächste Woche? Besser wäre es zu sagen: „Ich möchte, dass du heute Nachmittag nach den Hausaufgaben in deinem Zimmer alle Spielsachen vom Boden

ins Regal räumst und deine schmutzige Wäsche einsammelst und in den Wäschekorb bringst. Heute Abend vor dem Abendessen werde ich mir dann dein Zimmer ansehen." Wenn Sie derart klar sprechen, hat Ihr Kind es nicht schwer, Sie zu verstehen und es bleiben ihm wenig Spielräume zur Interpretation Ihrer Worte. Damit steigt die Wahrscheinlichkeit, dass das Ziel erreicht wird und das Kind diszipliniert Ihre Anweisung befolgt.

e) In vielen Fällen kann es auch hilfreich sein, das Ziel *prozesshaft* zu beschreiben, d.h. klar zu sagen, *wie* etwas zu tun ist.
Wenn Sie beispielsweise verlangen, Ihr Kind solle jeden Tag diszipliniert 20 Minuten ein Instrument üben, dann können Sie sagen „Ich möchte, dass du ab heute jeden Tag vor dem Abendessen 20 Minuten lang Klavier übst, damit du bessere Fortschritte machst als bisher", aber damit ist noch nicht klar, was das Kind am Klavier tun soll. Sie können, um mehr Klarheit zu schaffen, sagen: „Du solltest zuerst immer Fingerübungen machen und nach fünf Minuten dann damit beginnen, das neue Stück zu üben, das du als Hausaufgabe aufbekommen hast." Bei der prozesshaften Beschreibung des Zieles geht es also darum, dem Kind zu sagen, *wie* es sich verhalten und *wie* es etwas tun soll, um das Ziel zu erreichen.

Die richtige Zielformulierung erfordert demnach einige Überlegung. Das mag im Einzelfall etwas mühsam sein, ich denke aber, die Mühe zahlt sich aus, da auf diese Weise Klarheit geschaffen wird und Missverständnisse nahezu ausgeschlossen sind. Das Kind erfährt ganz genau, was von ihm erwartet wird. Damit steigt die Wahrscheinlichkeit, dass das Ziel tatsächlich erreicht wird. Eine derart klare Zielformulierung zwingt uns Erwachsene, unser Ziel und unser Anliegen erst einmal selbst zu durchdenken und uns bewusst zu entscheiden. Das macht sich auf jeden Fall bezahlt, weil wir danach von unserem Ziel mit größerer Wahrscheinlichkeit selbst überzeugt sind und deshalb auch den Kindern gegenüber ganz anders auftreten können. Wenn Sie sich die Mühe einer sorgfältigen Zielformulierung machen, wirken Sie einfach überzeugender.

Um jegliches Missverständnis auszuschließen, kann es im Einzelfall auch sinnvoll sein, wenn Sie sich das Gesagte von Ihrem Kind mit eigenen Worten wiedergeben lassen. Bitten Sie einfach um eine Rückmeldung und fragen Sie: „Was ist jetzt bei dir angekommen, von dem, was ich gesagt habe? Kannst du mir noch einmal wiederholen, was du tun sollst? Damit ich ganz sicher sein kann, dass du mich verstanden hast!" Diese Vorgehensweise hat nicht nur den Vorteil, die Gefahr eines Missverständnisses zu minimieren, sondern sie schafft auch eine größere Verbindlichkeit: Wenn das Kind die Aufgabe nämlich mit eigenen Worten wiederholt und das Ziel selbst ausspricht, fühlt es sich eher verpflichtet, sich daran zu halten.

Im Folgenden möchte ich Ihnen die richtige Zielformulierung noch einmal an einem Beispiel demonstrieren.

Der zehnjährige Sebastian ist übergewichtig. Seine Eltern sorgen sich deswegen um ihn und beschließen, etwas zu unternehmen. In einem Elternkurs lernen sie, auf die oben beschriebene Weise vorzugehen. Sie legen das Ziel wie folgt fest:

Die positive Formulierung lautet: Sebastian soll das Normalgewicht erreichen.

Konkret und präzise heißt das: Er muss etwas tun, um 8 kg Körpergewicht abzuspecken.

Prozesshaft formuliert bedeutet das: Er muss seine Ernährung umstellen, indem er weniger Fett und Zucker zu sich nimmt und mehr frisches Obst und Gemüse isst; er darf nicht mehr so viel herumsitzen vor Computer und Fernsehapparat, sondern soll sich mehr bewegen, am besten Schwimmen, Ball spielen in der Mannschaft und Fahrrad fahren.

Im Hinblick auf die Terminierung beschließen die Eltern: Die nötigen Schritte zum Abspecken sollen gleich morgen

früh in die Wege geleitet werden mit einem entsprechenden Frühstück und damit, dass Sebastian den Schulweg zu Fuß zurücklegen soll, statt mit dem Auto gefahren zu werden. Eine erste Gewichtskontrolle ist nach 14 Tagen geplant. Die Eltern rechnen damit, dass diese Maßnahmen für mindestens drei Monate fortzuführen sind, wollen das aber abhängig machen von den 14tägigen Gewichtskontrollen. Die Eltern wissen, dass die Ernährung langfristig umzustellen ist, damit ihr Sohn sich die verlorenen Pfunde nicht sofort wieder anfuttert.
Im Hinblick auf die Realisierbarkeit und Machbarkeit sind die Eltern sich nicht völlig sicher: Wie motiviert wird ihr Sohn mitmachen? Wie sehr werden sie ihn kontrollieren müssen? Welchen „Verführungen“ zu ungesundem Verhalten wird er ausgesetzt sein? Was können sie tun, um ihn stark zu machen und ihm beim Durchhalten zu helfen? Dies sind Fragen, die die Eltern mit Sebastian gemeinsam erörtern und hinsichtlich derer sie sich auch gemeinsam auf ein Erfolg versprechendes Vorgehen einigen.

Überzeugungsarbeit leisten

„Ohne natürliche Einsicht sind Regeln und Richtlinien wertlos.“(Quintilian)

Langfristig kann die Forderung nach diszipliniertem Verhalten von Ihrem Kind nur verinnerlicht werden, wenn es die Gründe dafür erkennt und akzeptiert. Der Autor Marco von Münchhausen spricht in diesem Zusammenhang von dem WWW-Prinzip:

wirklich **w**issen **w**arum!

Erst wenn es sich mit den dahinter stehenden Zielen identifiziert, dürfen Sie von Ihrem Kind selbstgesteuertes Verhalten erwarten. Natürlich können wir nicht in jeder Situation darauf hoffen, dass ein Kind sich mit unseren Zielen einverstanden erklärt.

Jonathan ist fünf Jahre alt und liebt Cola. Seine Eltern halten seine Vorliebe für ungesund und wollen daher nicht, dass ihr Sohn Cola trinkt. Sie erlauben ihm dieses Getränk nur selten. Jonathan hat aber kein Interesse daran, auf seine Gesundheit zu achten; seine Liebe zur Cola übersteigt seine Sorge um seine Gesundheit bei weitem. Darum gibt es in der Familie immer wieder mal eine Auseinandersetzung um Jonathans Konsum von Cola. Die Eltern empfinden das mitunter als lästig und anstrengend.

Die elfjährige Nora soll ihren Eltern hin und wieder bei der Gartenarbeit zur Hand gehen. Die Familie bewirtschaftet einen Garten von rund 1000 qm Größe und zieht dort viel Obst und Gemüse. Im Sommer gibt es immer eine Menge zu tun, und die Eltern verlangen von Nora, dass sie sich an der Arbeit etwas beteiligt. Nora kann Gartenarbeit aber nicht ausstehen. Sie sieht zudem überhaupt nicht ein, warum ihre Eltern Obst und Gemüse selber ziehen, wo man diese Dinge doch in jedem Supermarkt kaufen kann. Darum gibt es mehrmals wöchentlich Auseinandersetzungen um Noras Mithilfe im Garten.

Wo die Kinder keine Einsicht zeigen in die Forderungen der Erwachsenen, wird es immer wieder zu nervenzehrenden und kräfteverschleißenden Auseinandersetzungen kommen. Manchmal sind wir geneigt, diese Kämpfe auf uns zu nehmen, weil uns die Sache das wert ist; manchmal mag es auch klüger sein, zu kapitulieren und dem Kind seinen Willen zu lassen. Hier gibt es sicher keine allgemeingültigen Richtlinien, sondern wir müssen das von Fall zu Fall neu entscheiden.

Die Eltern des kleinen Jonathan denken gar nicht daran aufzugeben. Wann immer Jonathan Cola verlangt, verweisen sie auf die gesundheitsschädigende Wirkung dieses stark zucker- und koffeinhaltigen Getränks und trösten ihn damit, dass sie zu seinem Geburtstag und zu Weihnachten eine Ausnahme zu machen bereit sind.

Die Eltern der elfjährigen Nora hingegen haben nach einiger Zeit den regelmäßigen Kleinkrieg um Noras Mithilfe im Garten satt. Sie lösen das Problem, indem sie Nora fragen, welchen Beitrag zur Arbeit sie stattdessen zu leisten bereit sei. Nora bietet an, zweimal wöchentlich das Staubsaugen in allen Zimmern der Wohnung zu übernehmen, wenn sie dafür nicht mehr im Garten mithelfen muss. Die Eltern erklären sich einverstanden, und so sind schließlich doch noch beide Seiten zufrieden.

Manchmal gelingt es Erwachsenen nicht, Kinder davon zu überzeugen, dass die elterliche Forderung Sinn macht. Wo die kindliche Einsicht fehlt, müssen wir jeweils entscheiden, wie wir uns verhalten wollen: nachgeben oder auf unserer Forderung beharren (mit allen Konsequenzen, die das nach sich zieht: Auseinandersetzungen, schlechte Stimmung, Kräfteverschleiß und Notwendigkeit zur Überwachung und Kontrolle). Zuweilen mag uns das eine, manchmal hingegen vielleicht das andere als die geeignete Lösung erscheinen. Hier gibt es sicher kein generelles „Richtig" oder „Falsch".

In den meisten Fällen gelingt es Erwachsenen aber zum Glück, die Kinder von der Berechtigung der elterlichen Forderung zu überzeugen. Wie erfolgreich wir dabei sind, hängt nicht zuletzt davon ab, wie wir mit unseren Kindern sprechen.

Hannelore will ihrer achtjährigen Tochter klarmachen, dass sie nicht so viel fernsehen soll. Sie sagt zu ihr: „Du hast für heute aber nun wirklich genug gesehen! Mach die Kiste jetzt bitte mal aus. So viel Fernsehen ist nicht gut für dich." Die Tochter kümmert sich nicht um die Aufforderung ihrer Mutter und ignoriert sie, bis Hannelore selbst das Fernsehgerät ausschaltet. Daraufhin schimpft die Tochter und zieht sich beleidigt in ihr Zimmer zurück. Als Hannelore später kurz einkaufen geht, schleicht ihre Tochter zurück zum Fernsehgerät und sieht heimlich fern, bis die Mutter zurückkommt.

Agnes stellt ebenfalls fest, dass ihr neunjähriger Sohn Marius für ihr Empfinden zu viel fernsieht. Sie geht zu ihm und er-

kundigt sich, wie lange die Sendung noch dauern wird, die er gerade sieht. Als er erwidert „eine Viertelstunde", bittet sie ihn, das Gerät anschließend gleich auszuschalten und zu ihr zu kommen, sie wolle mit ihm sprechen. Damit stellt sie sicher, dass er ihr überhaupt zuhören kann und nicht verärgert darüber ist, beim Fernsehen von ihr unterbrochen worden zu sein. Gleichzeitig kann er sich innerlich bereits darauf vorbereiten, dass ein etwas ernsteres Gespräch mit seiner Mutter bevorsteht. Als er schließlich zu ihr kommt, sagt sie: „Marius, ich möchte mit dir über die Zeit sprechen, die du vor dem Fernsehgerät verbringst. Mittlerweile siehst du regelmäßig zwischen zwei und drei Stunden am Tag fern. Mir ist das zu viel, und zwar aus folgenden Gründen ..." Sie zählt fünf gute Gründe auf, weshalb Marius weniger fernsehen sollte und fragt ihn danach: „Was sagst du dazu?" So kommen Mutter und Sohn in einen Dialog, in dessen Verlauf sie schließlich gemeinsam neue Regeln für den Fernsehkonsum aushandeln.

Der Unterschied zwischen Agnes und Hannelore besteht in der Art, wie sie ihren Kindern jeweils gegenübertreten. Während Hannelore eine Anweisung gibt und diese kurz und vage begründet („So viel fernsehen ist nicht gut für dich."), nimmt Agnes ihren Sohn als Gesprächspartner ernster. Sie stellt sicher, dass er ihr zuhören kann und präsentiert ihm dann erst ihre wohldurchdachten Argumente. Sie hat sich auf dieses Gespräch gut vorbereitet, und was sie zu sagen hat, klingt überzeugend. Sie fragt ihn anschließend nach seiner Meinung dazu und lässt sich auf eine Diskussion mit ihm ein, in deren Verlauf sie ihm ebenfalls zuzuhören bereit ist. Mit ihrem Verhalten appelliert sie an seine Vernunft und Eigenverantwortung. Wen kann es da wundern, dass er sich viel entgegenkommender verhält als Hannelores Tochter und zur Kooperation bereit ist?

In den meisten Fällen sind Kinder durchaus guten Sachargumenten zugänglich. Um sie zu überzeugen, müssen wir natürlich erst einmal gute Argumente parat haben; das sollte eigentlich selbstverständlich sein, denn welche Berechtigung hätten wir sonst für unsere Forderungen? Was immer wir von ihnen verlangen, muss also Sinn machen. Mit Kindern, die sich überzeugen lassen, kann man gemeinsam Vereinbarungen treffen, sinnvolle Regeln erstellen und vielleicht auch eine Art Vertrag schließen, wenn sich das in einer bestimmten Situation anbieten sollte. Kinder haben in den meisten Fällen selbst Vorschläge für Regeln. Sie verfügen zudem über ein feines Gespür dafür, was fair und richtig ist. Und sie sind für gewöhnlich auch in der Lage, selbst Lösungsvorschläge zu entwickeln. Wenn es uns gelingt, sie zu überzeugen und wenn sie an der Erstellung der Regeln mitarbeiten dürfen, halten sie sich mit viel höherer Wahrscheinlichkeit an die getroffene Abmachung. Geben wir hingegen einseitig Regeln und Verhaltensrichtlinien vor, dürfen wir kaum mit großer Kooperationsbereitschaft von Seiten der Kinder rechnen. Das ist bei Kindern nicht anders als bei Erwachsenen: Auch Erwachsene tendieren nicht selten dazu, Vorschriften zu umgehen, an deren Entstehung sie nicht beteiligt waren, und zwar auch dann, wenn diese Vorschriften einen Sinn haben.

Es lohnt sich also, wenn Sie sich die Mühe machen, die Gründe für eine bestimmte Forderung, die Sie an Ihr Kind richten, wohl zu bedenken, sie Ihrem Kind mitzuteilen und sie mit ihm zu besprechen. Dies ist allerdings nicht die einzige Möglichkeit, Kinder von der Berechtigung einer elterlichen Forderung zu überzeugen.

Carola ist alleinerziehend, und ihr geschiedener Mann zahlt ihr und den beiden Kindern nicht genug Unterhalt. Daher geht Carola ganztägig arbeiten. Die beiden Töchter sind elf und dreizehn Jahre alt, und Carola erwartet von ihnen Mithilfe im Haushalt. Als sie eines Spätnachmittags müde von der Arbeit kommt, muss sie feststellen, dass die Mädchen mal wieder nichts von dem erledigt haben, was sie ihnen aufgetragen hatte. Carola fühlt sich erschöpft und ist den Tränen nahe. Die Belastung, unter der sie steht, setzt ihr zu. Als sie mit ihren Töchtern darüber spricht, sagt sie: „Ich brauche eure Hilfe. Ich schaffe es einfach nicht alleine. Manchmal bin ich nach der Arbeit so müde, dass ich einfach nur ins Bett fallen möchte. Aber wir brauchen das Geld, ich muss nun einmal Geld verdienen gehen. Und da kann ich den Haushalt nicht auch noch alleine bewältigen. Ich weiß nicht, was ich machen soll, wenn ich mich auf euch beide nicht verlassen kann." Die Mädchen sind betroffen, als sie ihre Mutter so sprechen hören und sie begreifen, dass sie Verantwortung übernehmen müssen, dass es wirklich auf sie ankommt.

Um Kooperation zu bitten, kann sehr wirkungsvoll sein. Denn wir appellieren damit an das Gewissen der Kinder und wir geben ihnen zugleich das Gefühl, wichtig zu sein. Unsere Kinder wollen etwas tun, das sinnvoll ist; sie genießen es, wenn sie gebraucht werden. Und es tut ihnen gut, ein wenig Verantwortung zu übernehmen, weil sie dabei nicht nur wichtige Erfahrungen machen und etwas lernen können, sondern auch Selbstbewusstsein und Stärke entwickeln. Solange wir sie nicht überfordern, profitieren sie davon, wenn wir ihre Unterstützung erbitten. Sie erfahren dadurch Bestätigung. Kinder lieben ihre Eltern; es verleiht ihnen ein gutes Gefühl, wenn sie spüren, dass sie uns etwas geben können. Statt sie zu verwöhnen, womit wir ihnen keinen Gefallen tun, sollten wir ruhig öfter mal um ihre Unterstützung bitten. Das nutzt allen Beteiligten.

Manchmal lassen sich Kinder auch dadurch überzeugen, dass sie in die Rolle des betreffenden Erwachsenen schlüpfen und die Sache dann mit dessen Augen sehen können. Auf diese Weise wird Kindern die Berechtigung der elterlichen Forderung sehr schnell klar. Und da Kinder Rollenspiele lieben, lassen sie sich bereitwillig auf diese Art des Perspektivenwechsels ein und haben sogar ihren Spaß dabei.

Jeanette ist sieben Jahre alt und hat die Unart, alles Mögliche aus der Küche fortzutragen und nicht wiederzubringen. Wenn sie beispielsweise eine Schere braucht, holt sie sich die Haushaltsschere aus der Küche und lässt sie dann auf ihrem Schreibtisch liegen. Wenn sie zwischendurch ein Müsli essen will, holt sie sich eine Schale und einen Löffel aus der Küche und vergisst diese Utensilien genau da, wo sie sie benutzt hat; das kann überall im Haus sein und ebenso draußen im Garten. Einmal fand die Mutter sogar einen Teller und eine silberne Gabel im Sandkasten. Nachdem Ermahnungen nicht fruchten, schlägt die Mutter Jeanette folgendes Spiel vor: Jeanette solle heute mal die Mutter sein und eine Quarkspeise mit Früchten in der Küche anrühren. Zuvor versteckt die Mutter aber einige Dinge, die Jeanette dafür braucht: Sie stellt den Zucker auf ihren Schreibtisch im Arbeitszimmer, legt alle großen Löffel, die man zum Umrühren braucht, auf den Gartentisch und stellt die große Schüssel, in der Jeanette die Speise anrühren will, auf ihr Bett im elterlichen Schlafzimmer. Jeanette läuft kichernd durch die Wohnung und sucht sich alles zusammen, was sie braucht. Aber sie hat jetzt verstanden, worum es der Mutter geht.

Eine andere Möglichkeit, Kinder von der Notwendigkeit disziplinierten Verhaltens zu überzeugen, wurde bereits angesprochen; es handelt sich dabei darum, die Kinder die Folgen ihrer Disziplinlosigkeit spüren zu lassen. Ich meine damit nicht, dass wir sie bestrafen sollten (mit der Fragwürdigkeit von Strafen werde ich mich weiter unten noch eingehender beschäftigen); es geht mir vielmehr um die logischen Konsequenzen, die sich als natürliche Folgen aus einem bestimmten Verhalten ergeben.

Der vierjährige Tom liebt Eiskrem. Seine Eltern erlauben ihm im Hochsommer durchaus mal eine größere Portion davon, ermahnen ihn dabei allerdings immer, langsam zu essen. Tom mag Eis so gern, er würde es am liebsten hinunterschlingen. Die Eltern zwingen ihn manchmal zu einer kurzen Pause, wenn sie sehen, dass er zu schnell isst. Sie nehmen ihm das Eis dann kurz weg, erklären ihm, warum er eine kalte Speise nicht so hinunterschlingen darf, aber Tom sieht das überhaupt nicht ein, sondern schreit, bis sie ihm seine Portion zurückgeben. Eines Tages haben die Eltern diese regelmäßigen

Auseinandersetzungen satt. Als Tom wieder mal sein Eis zu schnell löffelt, warnen sie ihn zwar vor den Folgen, aber sie nehmen ihm die Portion Eis nicht fort. Tom kümmert sich, wie zu erwarten war, nicht um die elterliche Warnung, schlingt sein Eis in sich hinein und klagt kurz danach über heftige Kopfschmerzen. An diesem Tag wird ihm der Zusammenhang zwischen seiner Art des Eiskonsums und den daraus resultierenden Folgen klar. Der Schmerz lehrt ihn, was seine Eltern ihm vergeblich zu verstehen geben wollten. Jetzt hat er endlich und endgültig begriffen, warum er seine Gier zügeln und sich beim Eisessen disziplinieren muss.

Mitunter leiden Eltern mindestens so sehr wie ihre Kinder, wenn sie ihnen derartige Lektionen erteilen. Aber es gibt Fälle, in denen diese Art des Lernens die schnellste und wirkungsvollste ist, manchmal sogar die einzig wirkungsvolle. Ich meine, es ist eine legitime Art, Kindern Zusammenhänge zu vermitteln, solange sie nicht ernstlich Schaden dabei nehmen. Kindern die Folgen ihres Verhaltens zuzumuten hilft ihnen, Verantwortung für sich selbst zu lernen. Und das ist schließlich unser übergeordnetes Erziehungsziel: uns als Eltern überflüssig zu machen, indem wir unsere Kinder lehren, selbst die Verantwortung für ihr Leben zu tragen.

Ehrlichkeit

Eine Voraussetzung für unsere Überzeugungskraft besteht in unserer Ehrlichkeit uns selbst und unseren Kindern gegenüber. Das klingt zwar einfach, kann aber im Einzelfall durchaus schwer fallen, weil wir uns damit zuweilen selbst entblößen und für uns oder unsere Kinder Dinge sichtbar werden, die wir möglicherweise selbst nur schwer an uns akzeptieren können.

Gertrud schickt ihre Kinder immer früh ins Bett mit der Begründung, sie würden den Schlaf brauchen, weil sie am nächsten Tag ausgeruht in die Schule gehen sollen. Die Kinder sind aber oft nicht müde genug, um einschlafen zu können und toben deswegen noch im Kinderzimmer herum oder kommen in die Küche, um noch etwas zu essen oder zu trinken. Gertrud wird dann ärgerlich, schimpft mit ihnen und verlangt Ruhe. Das funktioniert aber meist nicht, weil die Kinder, wie gesagt, noch nicht müde sind. Sie teilen das Gertrud auch mit, aber die besteht unerbittlich auf einer frühen Schlafenszeit. Wäre sie ehrlich zu sich und den Kindern, müsste sie zugeben, dass ihr weniger an der Ausgeruhtheit ihrer Kinder gelegen ist als an einem ruhigen Feierabend für sich selbst. Sie möchte einfach nach 19 Uhr ihre Ruhe vor den Kindern haben. Das gibt sie aber nicht zu, weil sie es mit ihrem Mutterbild nicht vereinbaren kann. In ihrer Vorstellung lieben gute Mütter ihre Kinder 24 Stunden am Tag innig. Und weil sie eine gute Mutter sein möchte, kann sie ihren Kindern nicht sagen: „Ich brauche ab 19 Uhr meine Ruhe vor euch." Stattdessen sagt sie: „Ihr braucht ab 19 Uhr euren Schlaf." Aber das funktioniert eben nicht, und es entsteht Frustration bei allen Beteiligten.

Achim ist Vater von zwei Söhnen und legt Wert darauf, dass sich die beiden sportlich betätigen. Sie sollen auch an Wettkämpfen teilnehmen, und er platzt vor Stolz, wenn sie dann manchmal siegreich sind. Er selbst hat nach einem Unfall in seiner Kindheit eine leichte körperliche Behinderung, die ihm die Ausübung vieler Sportarten unmöglich macht. Als nun einer seiner Söhne erklärt, er wolle mit dem Sport aufhören, verlangt der Vater, er solle weitermachen, und sagt, dass man nicht einfach mit einer Sache aufhören dürfe, bloß weil man vorübergehend mal die Lust verliere. Sein Sohn akzeptiert das Argument nicht und tut nun alles, um sich vor dem Sport zu drücken. Der Vater wirft ihm Disziplinlosigkeit vor und beharrt weiter auf seiner Position. In einem Gespräch mit einem Freund wird Achim jedoch klar, dass er selbst darunter leidet, in körperlicher Hinsicht so eingeschränkt zu sein, und es ihn tief befriedigt, wenn wenigstens seine Söhne sportlich erfolgreich sind. Darum kann er seinem

Sohn nicht erlauben, mit dem Sport aufzuhören. Tatsächlich möchte sein Sohn aber lieber etwas anderes tun; es handelt sich bei ihm um keine Laune. Er hat inzwischen einfach andere Interessen. Es hat keinen Sinn, den Jungen zum Sport zu zwingen, denn er kann nicht mehr mit dem Herzen dabei sein.

Wenn wir uns selbst oder unseren Kindern etwas vormachen und unsere wahren Ziele und Motive verbergen, dann gerät die betreffende Situation in eine Schieflage, aus der einfach nichts Gutes entstehen kann. Es mag zuweilen schmerzlich für uns Erwachsene sein, uns unsere wahren Beweggründe einzugestehen; und sie vor anderen zuzugeben, mag dem einen oder anderen vielleicht sogar peinlich erscheinen – aber es ist der einzige Weg, wenn wir zu einer Lösung kommen wollen, die allen Beteiligten gerecht wird. Und nur wenn wir zu solchen Lösungen gelangen, kann sich das familiäre Miteinander freundlich und entspannt gestalten.

Letzten Endes hängt alles davon ab, ob es uns Erwachsenen gelingt, unseren Frieden mit uns selbst zu machen. Wenn wir zu uns stehen können, dann handeln wir aus großer Souveränität heraus und sind Herr unserer Entscheidungen. Dann brauchen wir uns nicht schlecht zu fühlen, weil uns die geliebten Kinder abends zuweilen auf die Nerven gehen und wir ab 19.00 Uhr meist ruhebedürftig sind; dann brauchen wir auch keine Kinder, die stellvertretend für uns unsere Träume leben und die sportlichen Triumphe feiern, die uns selbst versagt bleiben. Dann sind wir in der Lage zu sagen: „Geht jetzt bitte auf euer Zimmer und seid leise, denn ich möchte mich ausruhen!" oder „Ich bedaure zwar, dass du kein Interesse mehr am Sport hast, weil ich Sport toll finde, aber wenn du nun mal das Interesse am Sport verloren hast, ist das in Ordnung. Dann suche dir etwas anderes, das dir Spaß macht."

Das heißt: Wenn wir Erwachsenen uns akzeptieren können, wie wir sind und ehrlich zu uns stehen können, dann sind wir in der Lage, Forderungen an unsere Kinder zu stellen, die sinnvoll und passend sind und deswegen überzeugend. Und wir können unseren Kindern erlauben, die Menschen zu werden, die sie sind.

Die Vorbildfunktion der Eltern

Johann Wolfgang von Goethe war zutiefst von der Wichtigkeit des elterlichen Vorbilds überzeugt. Er schrieb:

> „Man könnt' erzogene Kinder gebären,
> wenn die Eltern erzogen wären."

Das ist natürlich sehr provokativ und übertrieben formuliert, aber eben nicht ganz falsch. Kinder, ganz besonders wenn sie noch sehr klein sind, lernen vor allem durch Imitation. Sie ahmen uns Erwachsene nach.

Die vierjährige Tochter meines irischen Freundes wünscht sich nichts sehnlicher als ein kleines Bügelbrett und Bügeleisen zu Weihnachten. Sie möchte damit genau das tun können, was ihre Mutter tut.

Meine halbwüchsige Tochter Lisa kleidete sich eine Weile genau wie ich, las dieselben Bücher wie ich und nähte Quilts wie ich. Vor zwei Wochen gab sie eine Einladung für ihre Freunde im selben Stil, in dem auch ich meine Einladungen gebe. Sie ist inzwischen 18 Jahre alt.

Zu jeder Zeit der Kindheit und Jugend hat das Vorbild der Eltern einen mächtigen Einfluss auf das Verhalten ihrer Kinder. Das gehört zur Natur des Menschen, zu seiner Art zu lernen. Sie werden jetzt vielleicht einwenden, dass das nur bedingt richtig sei; denn wer hätte noch nicht rebellische Jugendliche erlebt, die genau das Gegenteil von dem tun, was ihre Eltern tun und auch von ihnen erwarten? Ich behaupte: Hier handelt es sich ebenfalls um Imitation, bloß mit umgekehrtem Vorzeichen. Wenn ein Jugendlicher das Gegenteil von dem tut, was seine Eltern tun und von ihm erwarten, dann ist das, als habe der Jugendliche lediglich die Straßenseite gewechselt; aber er befindet sich immer noch auf derselben Straße. Er orientiert sich immer noch an seinen Eltern und an deren Weg. Die Tatsache, dass unsere Kinder und Jugendlichen uns nachahmen, können wir gezielt dazu nutzen, ihnen durch Vorbild die Dinge zu vermitteln, von deren Sinn und Zweck wir zutiefst überzeugt sind.

Wenn Sie also eine gesunde Ernährung für wünschenswert halten, dann essen Sie selbst gesund und kaufen gesund ein. Wenn Sie Pünktlichkeit wichtig finden, dann seien Sie selbst pünktlich. Wenn Sie künstlerische Tätigkeiten wichtig finden, dann beschäftigen Sie sich mit Kunst und laden Ihr Kind ein mitzumachen. Die meisten von uns tun das ganz intuitiv, ohne sich viele Gedanken darum zu machen. Und meist funktioniert es auch ganz gut. Denn sogar das beiläufig Vorgelebte entfaltet eine starke Wirkung. In der Beiläufigkeit des Vorlebens liegt in den meisten Fällen mehr Überzeugungskraft als im ausdrücklich Geforderten oder gar Aufgezwungenen. Denn das beiläufig Vorgelebte überzeugt durch seinen Selbstverständlichkeitscharakter.

Wenn Sie selbst mit einem bestimmten Verhalten Schwierigkeiten haben und sich nur gegen Ihren inneren Widerstand zu diesem Verhalten durchringen, dann können Sie Ihrem Kind ein hervorragendes Modell dafür sein, wie man mit inneren Widerständen umgeht. Denn wenn Sie so tun würden, als wäre es immer ganz selbstverständlich für Sie, sich richtig und vernünftig zu verhalten, dann muss Ihr Kind sich zwangsläufig minderwertig fühlen, wenn es merkt, wie schwer ihm selbst das betreffende Verhalten fällt. Außerdem lernt es auf diese Weise nichts darüber, wie man es schafft, sich zu etwas zu überwinden.

Ein Vater erzählt seiner Tochter, die morgens nur schwer aus dem Bett kommt: „Ja, weißt du, mir fällt das Aufstehen oft auch nicht leicht. Ich würde mich manchmal am liebsten in meine Decke kuscheln und ein bisschen weiter schlafen.

Aber dann stelle ich mir vor, dass ich gleich eine schöne heiße Tasse Kaffee vor mir stehen habe oder dass ich gleich aus dem Haus gehe und der Tag draußen so frisch und neu riecht. Sogar der Regen duftet am frühen Morgen. Worauf freust du dich, wenn du einen neuen Tag beginnst?"

Indem der Vater eigene Schwierigkeiten zugibt und dem Kind erklärt, welchen Bewältigungsmechanismus er benutzt, um sich zu überwinden, kann er seinem Kind eine Hilfe dabei sein, diszipliniertes Verhalten aufzubauen.

Problematisch wird die Sache allerdings, wenn wir zwar einen bestimmten Wert vertreten, ihn selbst aber nicht überzeugend vorleben können. Hierzu fand ich folgende hübsche Geschichte:

Eine Mutter kam mit ihrem Sohn zum Arzt und bat um eine Beratung. „Was fehlt dem Kind denn?" fragte der Arzt. „Herr Doktor, ich weiß mir nicht mehr zu helfen. Mein Sohn hat eine merkwürdige Krankheit: Den ganzen Tag lang isst er nichts anderes mehr als Schokolade. Wenn ich ihm statt Schokolade ein Wurstbrot oder etwas anderes geben möchte, schreit er wie am Spieß und verlangt Schokolade. Ich bringe ihn nicht dazu, etwas anderes zu essen. Bitte helfen Sie mir, denn so kann das nicht weitergehen."

Da legte der Arzt die Stirn in Falten und bat die Frau, am nächsten Tag mit ihrem Sohn wieder zu ihm zu kommen. Die Frau tat wie geheißen und fand sich am nächsten Tag wieder in der Sprechstunde ein. Der Arzt setzte den Jungen auf seinen Schoß, nahm ihm die klebrige Schokolade aus der Hand und sprach mahnend auf ihn ein. Schließlich strich er dem kleinen Burschen übers Haar und sagte: „Denke immer daran: Zuviel ist immer ungesund. Übe dich in Mäßigkeit und lerne, die anderen schönen Sachen zu entdecken, die auch gut schmecken."

Nach diesen Worten wollte er Mutter und Sohn verabschieden, doch verwundert über diese Therapie sagte die Frau zu ihm: „Und das war alles? Warum haben Sie ihm das nicht gestern schon gesagt? Dann hätten wir uns den Weg heute sparen können!"

„Gestern, liebe Frau, hätte ich nicht mit Überzeugung sagen können, was ich heute zu Ihrem Sohn gesagt habe, denn gestern hatte ich, gerade bevor Sie kamen, selber ein Stück Schokolade gegessen!" (Norbert Lechleitner: Balsam für die Seele)

Können wir unseren Kindern modellhaft nur das vermitteln, was wir selbst leben und verinnerlicht haben? Kann beispielsweise ein Raucher keine Nichtraucher erziehen? Oder ein unsportlicher Mensch Sportler? Können übergewichtige Eltern ihren Kindern überhaupt ernährungsbewusstes Verhalten vermitteln? Geben wir etwa zwangsläufig unsere Laster und Defizite an unsere Kinder weiter?

So einfach ist es zum Glück nicht. Das entscheidende Element wird in der obigen Geschichte ausdrücklich benannt: die Überzeugung. Es kommt nicht darauf an, dass Sie keine Laster haben, sondern dass Sie mit Ihrer Botschaft überzeugend sind. Ausschlaggebend ist Ihre innere Überzeugung; dann sind Sie nämlich auch für Ihr Kind überzeugend. Und so können wir unseren Kindern ein positives oder eben auch ein negatives Modell sein.

So könnte beispielsweise ein nikotinabhängiger Vater seinen Kindern sagen: „Ich möchte auf keinen Fall, dass ihr je anfangt zu rauchen. Ich habe am eigenen Leib erfahren, was es heißt, nikotinabhängig zu sein. Seht mich an: Ich habe schon mehr als fünf Mal versucht, von der Zigarette loszukommen, und ich schaffe es einfach nicht, mich ganz davon zu befreien. Wenn ich mich nicht wohl fühle oder nervös bin, habe ich nach wie vor ein unbändiges Verlangen, mir eine Zigarette anzuzünden. Aber das tut mir gar nicht gut. Denn Nikotin ist ein gefährliches Gift. Wenn man so viel raucht, kann man davon sogar krank werden ... Und ich will nicht, dass es euch auch so ergeht wie mir." Indem der Vater nachdrücklich seine Not präsentiert und sie den Kindern begreiflich macht, ist er ein sehr überzeugendes negatives Vorbild. An ihm können die Kinder sich durchaus orientieren.

Nicht wenige Eltern meinen, sie könnten ihre Laster vor den Kindern geheim halten und ihnen auf diese Weise ein leuchtendes Vorbild sein. Eine Mutter aus einem Miniclub hat mir einmal erzählt:

„Meine Tochter weiß inzwischen ganz genau, was Schokolade ist. Ich esse ja selber gerne Schokolade, aber ich will nicht, dass meine Lara mit ihren zwei Jahren schon so viel Schokolade futtert und sich womöglich daran gewöhnt. Darum hole ich mir die Schokolade jetzt nur noch aus dem Schrank, wenn Lara schläft."

Die Mutter gönnt sich ihre Schokolade also nur heimlich und hinter dem Rücken ihrer kleinen Tochter. Das mag funktionieren, solange das Kind noch so klein ist, aber wir dürfen sicher sein, unseren Kindern nicht jahrelang etwas vormachen und vor ihnen verbergen zu können. Früher oder später kommen sie uns auf die Schliche, und dann wird es peinlich für uns. Besser, wir kommen ihnen zuvor und bekennen Farbe. Wenn wir das nämlich nicht tun, verlieren wir an Glaubwürdigkeit. Also sagen wir ihnen besser gleich: „Ja, ich mache da etwas falsch. Ich arbeite daran, wenn auch bisher nur mit geringem Erfolg. Aber keinesfalls will ich, dass du dieselbe Dummheit machst. Und deswegen möchte ich, dass du …"

Ich kann mich erinnern, dass meine kleine Tochter Sophie früher nie ihre Zähne von mir putzen lassen wollte. Sie war damals wirklich noch sehr klein und hatte nur wenige Zähne im Mund. Ich wollte aber, dass sie sich an das Ritual des Zähneputzens gewöhnt. Sie mochte jedoch keine Zahnbürste in ihrem Mund haben und weigerte sich einfach, den Mund zu öffnen. Abend für Abend gab es deswegen Probleme. Ich bettelte, ich versuchte Tricks, ich sprach in strengem Tonfall zu ihr – aber nichts konnte sie bewegen, den Mund bereitwillig zu öffnen und lange genug offen zu lassen. Da zeigte ich ihr eines Abends meinen eigenen Mund, in dem mehrere goldene Kronen blitzten und erklärte ihr, was mir passiert war, weil ich als Kind die Zahnpflege nicht ernst genug genommen hatte. Von diesem Tag an gab es nie wieder Probleme, wenn ich Sophie die Zähne putzen wollte. Mein schlechtes Beispiel hatte sie überzeugt.

Gerade weil wir auch unsere Fehler machen, wissen wir oft so gut darüber Bescheid, was man tun und lassen sollte. Ob Sie im konkreten Fall nun ein positives oder negatives Vorbild für Ihre Kinder darstellen – Hauptsache, Sie vermitteln Ihre Lektion mit innerer Überzeugung. Manchmal sind wir eben ein Modell dafür, wie man Dinge *nicht* tun sollte. Das hat mitunter sogar den Vorteil, dass unsere Kinder sich großartig vorkommen, weil sie es besser machen können als wir; es kann ihnen eine tiefe Befriedigung verschaffen, uns zu überflügeln. Dann fühlen sie sich stark. Deshalb stehen Sie zu sich selbst! Ihr Kind kann von Ihren Erfahrungen profitieren und lernen, was man tun – oder eben besser lassen sollte.

Rituale

In einer Zeit der Reizüberflutung und Grenzenlosigkeit, wie wir sie gerade durchleben, kann es für uns alle von Vorteil sein, wenn bestimmte Dinge immer zur gleichen Zeit am gleichen Ort stattfinden. Rituale vermitteln Sicherheit und Vertrauen. Man kann sich auf bestimmte Dinge verlassen, weil sie mit großer Zuverlässigkeit geschehen, jeden Tag, jede Woche, immer wieder. Das braucht nichts Großartiges zu sein; auch ganz banale Kleinigkeiten helfen, den Kindern Stabilität und Orientierung zu geben.

In unserer Familie beispielsweise wird regelmäßig zum Wochenende eine Tüte Kartoffelchips gekauft. Diese Tüte darf erst am Samstag Abend angebrochen werden, und es gibt sie auch nur am Wochenende. Sobald die Chips im Schrank liegen, signalisieren sie, dass nun das Wochenende bevorsteht, ein gemütlicher Fernsehabend vielleicht, den die Kinder mit ihrem Vater auf der Couch verbringen, oft aneinandergekuschelt. Zugleich hat unser Ritual der Kartoffelchips den Vorteil, dass der Genuss dieser sehr salzigen und fettigen Knabberei auf das Wochenende beschränkt bleibt. Undenkbar, dass meine Kinder beispielsweise an einem Montag danach verlangen. Chips gehören bei uns nur ins Wochenende!

Gerade weil unser Leben heutzutage oft so reich ist an Abwechslung, müssen wir einen Gegenpol schaffen, der Gleichförmigkeit und Berechenbarkeit garantiert. Denn wir brauchen beides: Die Abwechslung allein würde uns nämlich ruhelos und hektisch machen, würde uns mit Sicherheit langfristig überfordern; Gleichförmigkeit hingegen erzeugt auf Dauer Langeweile und Unterforderung. Damit es uns gut geht, müssen wir versuchen, eine Balance zwischen beiden herzustellen.

Gleichzeitig können Rituale den Kindern helfen, sich an bestimmte Handlungen zu erinnern und zu gewöhnen, die sie regelmäßig und diszipliniert ausführen sollen. Disziplin hat oft mit Wiederholung zu tun: Körperpflege, Lernen, Ernährung, Schlaf, Arbeit – es entspricht der Natur all dieser Dinge, dass sie mit Regelmäßigkeit geschehen. Rituale können helfen, Kinder an diese Regelmäßigkeit zu gewöhnen, so dass die inneren Widerstände, die möglicherweise dagegen bestehen, geringer ausfallen.

Der dreijährige Stefan bekommt sein Abendessen immer zur gleichen Zeit; danach geht die Mutter mit ihm ins Badezimmer und macht ihn zum Schlafengehen fertig. Schließlich darf er das „Sandmännchen" sehen und wird nur wenige Minuten später ins Bett gebracht. Dieser immer gleiche Ablauf kommt Stefan ganz selbstverständlich vor, und es gibt nie Probleme beim Zubettgehen.

Die zwölfjährige Sarah liebt ihre Geige, aber sie ist oft zu faul zum Üben. Wenn die Eltern sie ans Üben erinnern, reagiert Sarah darauf unwillig oder gar nicht. Daraufhin beschließt die Mutter, dem Üben den Charakter eines Rituals zu geben. Wenn sie nach dem Mittagessen noch einen Kaffee trinkt und dabei liest oder einen Brief schreibt, übt Sarah während dieser Zeit Geige. Die Mutter bleibt dabei im Hintergrund und hört zu. Anschließend geht Sarah zu ihrer Mutter hinüber, und die beiden sitzen noch einige Minuten zusammen und unterhalten sich. Danach erledigt Sarah ihre Hausaufgaben, während die Mutter sich ihren eigenen Pflichten widmet. Dieser Ablauf wiederholt sich nun täglich, und Sarah braucht nicht mehr ans Üben erinnert zu werden.

Gerade bei all den vielen kleinen Dingen, die unsere Kinder tagtäglich gewissenhaft erledigen sollen, sind Rituale eine hervorragende Möglichkeit, diese Handlungen zu Selbstverständlichkeiten werden zu lassen. Auf diese Weise nehmen sie nach einiger Zeit einen festen Platz im Leben der Kinder ein, und die Kinder brauchen sich nicht jeden Tag wieder neu dazu zu überwinden.

Geduld und Verzicht auf Perfektion

Diszipliniertes Verhalten aufzubauen und zu stabilisieren, das fällt auch uns Erwachsenen nicht immer leicht. In vielen Fällen kommen wir über die guten Vorsätze kaum hinaus. Wir würden gern ein paar Pfund abnehmen und unsere Ernährung umstellen, vielleicht auch regelmäßig Sport treiben, aber dann sind wir ständig eingeladen und halten die Diät nicht durch oder das Wetter ist zu schlecht zum Joggen, und wir bleiben zuhause sitzen. Zuweilen schaffen wir es nicht mal, uns zu einer einmaligen Aktion zu überwinden, die wir längst als notwendig und überfällig erkannt haben. Wir nehmen uns beispielsweise vor, mal wieder den Keller zu entrümpeln, aber irgendwie scheint der richtige Zeitpunkt dafür nie zu kommen. Wir müssten uns mal wieder beim Hausarzt durchchecken lassen, aber es passt irgendwie nie in unseren Zeitplan.

Wenn uns Erwachsenen Disziplin schon so schwer fällt, dann brauchen wir uns natürlich nicht zu wundern, dass unsere Kinder ebenfalls ihre Schwierigkeiten damit haben. Alles andere wäre überraschend, ja, geradezu unnatürlich. Und so, wie wir selbst uns unsere großen und kleinen Disziplinlosigkeiten immer wieder verzeihen müssen, so sollten wir natürlich auch Geduld mit unseren Kindern haben. Es kann einfach nicht reibungslos funktionieren. Menschen lassen sich nun einmal nicht kurzerhand auf bestimmte Verhaltensabläufe hin programmieren! Und auch wenn Sie noch so überzeugend sind und Ihrem Kind noch so eindringlich eine bestimmte Handlungsweise nahe legen, dürfen Sie sich nicht wundern, wenn es nicht tadellos funktioniert. Freuen Sie sich lieber, dass es manchmal funktioniert!

Die sechsjährige Chiara besucht mit ihrem Vater ein Theaterstück für Kinder in einem staatlichen Schauspielhaus. Alles wirkt sehr imposant und feierlich. Der Vater erklärt ihr, dass man während der Vorstellung nicht sprechen darf, aber Chiara plappert immer wieder drauf los. Die Handlung auf der Bühne berührt sie, und sie gibt ihre Kommentare dazu ab. Der Vater ermahnt sie wiederholt, leise zu sein, weil sie die anderen Zuschauer mit ihrem Sprechen störe, und tatsächlich gelingt es Chiara gegen Schluss der Vorstellung, als das Stück noch einmal besonders spannend wird, leise zu sein. Sie sitzt aufgeregt neben ihrem Vater und hält sich mit einer Hand den Mund zu.

Nach der Vorstellung lobt der Vater sie für ihre Selbstbeherrschung und Rücksichtnahme, statt sie für ihre Störungen zu schelten.

Wir können nicht mehr tun, als uns zu bemühen. Manchmal reichen unsere Bemühungen aus, und manchmal eben nicht. Zuweilen ist auch der innere Schweinehund stärker. Wie erfolgreich wir jeweils bei dem Versuch sind, uns diszipliniert zu verhalten, hängt von vielen Faktoren ab, beispielsweise von der Tagesform. Wer müde ist, dem fällt es schwerer sich aufzuraffen.

Wenn Ihr Kind also vor dem Schlafengehen mal wieder seine Zähne nicht geputzt hat, dann schicken Sie es ruhig und ohne Vorwürfe zurück ins Bad, damit es das Versäumte nachholt, und erklären Sie noch einmal ganz kurz, warum die allabendliche Zahnpflege so wichtig ist. Wir sind unseren Kindern nicht hilfreich, wenn wir ihnen wegen ihrer Disziplinlosigkeit Vorwürfe machen. Bringen wir nämlich unsere Unzufriedenheit zum Ausdruck, wird das die Kinder in den seltensten Fällen disziplinierter machen; stattdessen nimmt es ihnen mit hoher Wahrscheinlichkeit noch den letzten Rest ihrer Motivation. Mit freundlicher Hartnäckigkeit hingegen haben wir sicher mehr Chancen, unsere Kinder zum gewünschten Verhalten zu bewegen.

Diszipliniertes Verhalten entwickelt sich nur in den seltensten Fällen zum Automatismus; in aller Regel müssen wir uns in jeder Situation wieder neu daran erinnern, welches Verhalten jetzt angemessen ist, und müssen uns in sehr vielen Fällen dazu überwinden. Und diese Überwindung gelingt nicht an allen Tagen gleich gut; manchmal gelingt sie sogar überhaupt nicht.

Der zwölfjährige Lukas hat Schwierigkeiten in Englisch. Seine Eltern haben ihm nahe gelegt, jeden Nachmittag nur eine Viertelstunde lang zusätzlich zu den Hausaufgaben englische Vokabeln und Grammatikregeln zu büffeln. Wenn er das durchhalte, werde er schon innerhalb weniger Wochen seine Leistungen in diesem Fach deutlich verbessern können. Lukas leuchtet das ein, und er ist durchaus motiviert, dem Rat seiner Eltern zu folgen. An manchen Tagen funktioniert das auch ohne Schwierigkeiten. Dann ist er stolz auf sich und fühlt sich gut. Aber an anderen Tagen hat er keine Lust, vielleicht weil es attraktive Alternativen zum Lernen gibt oder weil er einfach nicht in Stimmung ist. Dann verkürzt er das Büffeln der englischen Vokabeln auf fünf Minuten oder lässt es sogar ganz ausfallen. Seine Eltern erkundigen sich täglich nach seinen Fortschritten; das erleichtert es Lukas, am Ball zu bleiben, auch wenn er nicht jeden Tag gleich motiviert ist.

Es ist normal, dass das Durchhalten eines guten Vorsatzes nicht perfekt gelingt. Machen Sie Ihrem Kind deswegen keine

Vorwürfe! Haben Sie Geduld, erkennen Sie seine Bemühungen an, ermutigen Sie es, sich auch weiterhin zu bemühen! Entscheidend ist lediglich, dass die Dinge in Bewegung kommen und bleiben. Rückschritte sind zu erwarten; dann haben Sie Geduld mit ihm! Geben Sie Acht, dass Ihr Kind nicht den Mut verliert und seine Bemühungen aufgibt. Nicht das Tempo der Entwicklung ist entscheidend, sondern nur die Tatsache, dass sich überhaupt etwas bewegt.

Profi-Tipps

In der psychologischen Praxis gehört es zum Alltag, Verhaltensmuster zu ändern, indem unerwünschtes Verhalten gelöscht und durch ein neues und passenderes Verhalten ersetzt wird. Darum lohnt es sich, wenn wir uns als Eltern von dort ein paar Dinge abschauen, die sich vielfach bewährt haben. Die meisten dieser Dinge sind ganz einfach, aber sehr wirkungsvoll. Wir können sie auch bei unseren Kindern ohne großen Aufwand erfolgreich einsetzen, wenn wir ihnen helfen wollen, sinnvolle Verhaltensmuster aufzubauen. Im Folgenden werde ich Ihnen deshalb ein paar Tipps geben, die Ihnen helfen können, Ihr Kind zu diszipliniertem Verhalten zu erziehen.

Kleine Schritte machen
Ein Sprichwort besagt, Rom sei nicht an einem Tag erbaut worden. Dinge brauchen nun einmal ihre Zeit. Wer zu viel auf einmal will, riskiert Misserfolg und Enttäuschung.

Der neunjährige Alexander spielt seit kurzem Fußball in einem Verein und ist hoch motiviert. Er geht sehr gern zum Training, spricht kaum noch über etwas anderes als Fußball und träumt davon, ein Star zu sein. Als er schließlich zum ersten Mal für ein richtiges Spiel aufgestellt wird, ist er über die Maßen stolz und kann den Tag kaum erwarten. In seinen Träumen sieht er sich bereits das entscheidende Tor schie-

ßen. Leider kommt es ganz anders. Er spielt schlecht, da er noch wenig trainiert ist, und am Ende des Spiels geben ihm sogar einige Kameraden die Schuld daran, dass die Mannschaft das Spiel verloren hat. Alexander ist am Boden zerstört und will das Fußballspiel aufgeben. So eine Enttäuschung verkraftet er kein zweites Mal.

Hätte Alexander nicht so viel von sich erwartet, wäre ihm die Enttäuschung erspart geblieben. Es war ja schon ein Erfolg, dass ihn der Trainer nach so kurzer Trainingszeit überhaupt für das Spiel aufgestellt hat. Die Freude darüber hätte Alexander erst einmal genügen müssen. Es hätte ihm gut getan, wenn die Eltern seine Erwartungen zurechtgestutzt hätten.

Es ist eine bewährte Erfahrung, dass man große Ziele in viele kleine Zwischenziele aufteilen sollte. Das Erreichen des nächsten Zwischenziels ist dann etwas sehr Wahrscheinliches und wird jeweils als Erfolg empfunden, der Auftrieb gibt und Mut macht, an der Sache dranzubleiben.

Mareike hat eine schlechte Vier in Französisch und eine Fünf in Mathematik. Sie möchte die Klasse nicht wiederholen müssen, und ihr Traum wäre es, in beiden Fächern eine gute Drei zu bekommen. Mit Hilfe ihrer Eltern entwirft sie deshalb folgenden Plan:

Zunächst erhält sie mehrmals wöchentlich Nachhilfeunterricht in beiden Fächern, um zu verhindern, dass die Leistungen noch weiter abfallen. Das erste Ziel wäre also, die Noten zu stabilisieren.

Dann versucht sie, den Lernstoff Stück für Stück nachzuarbeiten, aber zunächst nur im Fach Mathematik, weil sie hier gefährdeter ist. Sobald sie sich in Mathematik auf eine Vier hochgearbeitet hat, konzentriert sie sich zunehmend auf Französisch.

Auf diese Weise hat sie schon nach kurzer Zeit einen Erfolg: Sie schreibt in der zweiten Woche nach Beginn der Nachhilfeaktion eine „Fünf plus" in Mathematik. Für sie ist das ein Erfolg, denn es stellt einen Schritt in die richtige Rich-

tung dar. Mareike fühlt sich dadurch bestätigt und behält ihre Motivation.

So wird die Erreichung jedes kleinen Teilzieles zu einem Erfolgserlebnis und gibt dem Kind die Kraft, sich weiter um das große Ziel zu bemühen.

Erfolge anerkennen und feiern

Jeder Erfolg ist ein Grund, sich zu freuen, und er darf gewürdigt werden, indem man ihn feiert.

Als Mareike ihre „Fünf plus" nach Hause bringt, spendiert die Mutter zum Nachtisch eine große Portion Eis für alle.

Wir nehmen oft das, was wir können und leisten, als sehr selbstverständlich hin. Uns fällt vor allem das auf, was wir nicht gut machen. So entsteht schnell ein einseitiges und schiefes Bild, das nicht nur eine unangenehme Grundstimmung erzeugen kann, sondern auch entmutigend wirkt. Viel klüger wäre es, den Blick auch auf das Positive zu richten und eine Kultur der Freude am Erfolg zu pflegen. Jeder Erfolg gehört gewürdigt, und je mühsamer er errungen wurde, um so mehr sollte er gefeiert werden, auch dann, wenn das große Ziel noch sehr fern ist. Aus der Freude lässt sich Kraft schöpfen („Das habe ich immerhin schon geschafft!"), wohingegen eine negative Sichtweise („So weit noch bis zum Ziel!") entmutigt.

Einfach loslegen

Auf einer Postkarte der Grafik-Werkstatt Bielefeld fand ich den Spruch:

> „Ohne Ziel aufzubrechen ist in jedem Fall spannender als in ordentlicher Planung stecken zu bleiben."

Wer stecken bleibt, gelangt garantiert nirgendwohin. Weiter oben hatte ich zwar darauf hingewiesen, wie wichtig es ist, ein klares Ziel zu haben. Aber es gibt Fälle, wo es tatsächlich nützlich sein kann, einfach mal anzufangen, egal wie, Erfahrungen zu machen und daraus das Ziel zu entwickeln.

Der zehnjährige Sebastian soll Sport betreiben, damit er sein Normalgewicht wieder erreicht. Es gilt, 8 kg Übergewicht abzubauen. Neben der Ernährungsumstellung ist körperliche Bewegung wichtig zur Erreichung dieses Ziels. Aber Sebastian kann sich für keine Sportart entscheiden. Die Vorschläge seiner Eltern akzeptiert er nicht. Eishockey findet er toll, kann sich das aber nicht für sich vorstellen, da er nicht Eislaufen kann; auch Tennis gefällt ihm, aber so ganz ist er davon doch nicht überzeugt. Er liebäugelt noch mit Fechten, aber auch dafür kann er sich nicht mit voller Überzeugung entscheiden. So vergehen die Wochen, und nichts geschieht. Seine Mutter meldet ihn daraufhin kurzerhand zum Tennis an; er soll einfach mal anfangen. Man wird sehen, was sich daraus ergibt.

Sebastian nimmt einige Tennisstunden und stellt fest, dass er keine Lust auf Tennis hat, weil er da zu viel alleine spielt. Er merkt, wie viel es ihm bedeutet, mit anderen Kindern zusammen zu spielen. Darum tritt er etwas später einem Feldhockey-Team bei.

Manchmal ist es das Beste, einfach anzufangen. Der Weg entsteht zuweilen erst beim Gehen. Wir vergeuden aber nicht selten Zeit, weil wir darauf warten, dass die Umstände perfekt sind, dass bestimmte Dinge eintreten, die uns angeblich die Sache erleichtern. Damit lähmen wir uns dann selbst.

Die zwölfjährige Uta hängt mehr vor dem Fernseher als dass sie sitzt. Es ist noch früher Nachmittag, und die Mutter fragt Uta deswegen, ob sie denn keine Hausaufgaben zu erledigen habe. Uta erklärt, sie könne jetzt keine Hausaufgaben machen, weil sie dafür nicht in der richtigen Stimmung sei.

Auf die richtige Stimmung zu warten, kann sehr lange dauern. Die Erfahrung zeigt aber, dass sich die richtige Stimmung in der

Regel einstellt, wenn man erst einmal damit begonnen hat, sich einer Sache zu widmen. Wer hingegen wartet, verliert meist nur Zeit. Und auf manche Stimmungen wartet man ewig, denn wer hätte beispielsweise je Lust darauf, zum Zahnarzt zu gehen, um sich einen Weisheitszahn ziehen zu lassen?

Ebenso verhält es sich mit dem angeblich richtigen Zeitpunkt.

Elena soll den Vogelkäfig sauber machen. Sie liebt ihre Vögel, aber die Reinigung des großen Käfigs dauert immer eine Dreiviertelstunde. Sie muss jedes Mal einen großen inneren Anlauf nehmen, um sich dieser Aufgabe zu stellen. Und meistens glaubt sie, keine Zeit dafür zu haben: Eine Freundin will mit ihr etwas unternehmen, im Fernsehen kommt etwas, das sie unbedingt sehen will, sie ist mit ihrer Orchestergruppe unterwegs oder muss noch dringend für eine Klassenarbeit lernen. Der richtige Zeitpunkt scheint nie zu kommen. Als sie den Käfig nach zwei Wochen immer noch nicht gereinigt hat, verlangt die Mutter eines Nachmittags, sie solle den Käfig jetzt sofort reinigen. Als Elena einwendet, dies sei für sie ein ungünstiger Zeitpunkt, zeigt sich die Mutter unerbittlich.

„Den Stier bei den Hörnern packen" – dieses Bild vermittelt, worauf es ankommt, nämlich auch Unangenehmes entschlossen anzugehen und nicht zu zögern. Wenn wir unseren Kindern erlauben, auf den richtigen Zeitpunkt und die richtige Stimmung zu warten, riskieren wir, dass überhaupt nichts passiert. Wenn wir von ihnen aber verlangen, wichtige Dinge jetzt und hier in Angriff zu nehmen, werden diese Dinge nicht nur erledigt, sondern oft machen die Kinder die Erfahrung, dass die ganze Sache gar nicht so schlimm ist, wie sie angenommen hatten.

Vermeidungsverhalten verhindern

Es ist ganz natürlich, dass wir unangenehmen Dingen am liebsten ausweichen möchten. Das Dumme ist nur: Die

Dinge verschwinden nicht, bloß weil wir ihnen ausweichen; und Vermeidung verstärkt in aller Regel nur die Unlust oder Angst.

Der neunjährige Denis hat Angst, sich zu blamieren. Er ist kein guter Schwimmer, und nun will sein Freund seinen Geburtstag mit sportlichen Wettspielen im Schwimmbad feiern. Denis lehnt die Einladung spontan ab. Als die Klasse einige Monate später regelmäßig zum Sportunterricht ins Schwimmbad zu gehen beginnt, gerät Denis in Not. Es wird immer schwieriger für ihn, sich vor der Teilnahme zu drücken, indem er plausible Gründe erfindet, warum er nicht mitmachen kann. Er gibt eine Weile vor, unter Ohrenschmerzen zu leiden, dann tut ihm angeblich sein Knie weh. Und während er sich Woche für Woche vor dem Schwimmunterricht drückt, machen seine Klassenkameraden weiter Fortschritte, so dass sich der Abstand zwischen ihnen und Denis immer mehr vergrößert.

Wenn wir unseren Kindern erlauben, sich zu drücken, tun wir ihnen damit in aller Regel keinen Gefallen. Denn wenn sie dem Unangenehmen ausweichen, erfahren sie nicht, wie es ist, sich dieser Sache zu stellen und sie zu bewältigen. Je öfter ein Kind Unangenehmes erfolgreich vermeidet, desto bedrohlicher wird es in seiner Vorstellung. Dann nehmen Angst und Unlust weiter zu, und die Hürde, die jetzt überwunden werden muss, ist noch viel höher als zu Beginn. Vermeidungsverhalten verstärkt also nur das Problem. Was könnten Sie stattdessen tun?

Wenn Sie etwas als sinnvoll und notwendig betrachten, dann lassen Sie nicht mit sich handeln. Bestehen Sie darauf, dass das Kind sich der Herausforderung stellt. Bieten Sie gleichzeitig Hilfe an.

Nachdem die Eltern verstanden haben, warum ihr Sohn immer dann über Schmerzen klagt, wenn er am Schwimmunterricht seiner Klasse teilnehmen soll, bietet ihm der Vater an, ihm am Wochenende Schwimmunterricht zu erteilen, und zwar ganz früh morgens, wenn das Schwimmbad noch leer ist und kaum jemand zusieht. Auf diese Weise kann Denis Schwimmen üben und braucht keine Angst zu haben, dass er sich blamiert. Denis nimmt zwei Wochen später zum ersten Mal am Schwimmunterricht seiner Klasse teil und ist immer noch mit Abstand der schlechteste Schwimmer. Er wird deswegen auch gehänselt, aber er merkt, dass diese Erfahrung aushaltbar ist und lange nicht so schlimm, wie er befürchtet hatte. Er fühlt sich sehr erleichtert.

Vor einer Herausforderung davonzulaufen ist eine Strategie, die nicht funktioniert. Das Vermeidungsverhalten verstärkt lediglich die negativen Gefühle wie beispielsweise die Angst vor einer Blamage. Wir helfen unseren Kindern nur, indem wir sie darin unterstützen, sich der betreffenden Herausforderung möglichst rasch zu stellen. Dann machen sie die Erfahrung, dass sich auch Unangenehmes bewältigen lässt. Und Erfahrungen dieser Art stärken das Vertrauen ins Leben und in das eigene Selbst.

> „Das beste Mittel, um seine Furcht zu überwinden, ist das zu tun, wovor man sich fürchtet." (Marco von Münchhausen)

Ein Bild vom Ziel malen
Wenn wir eine klare und strahlend schöne Vorstellung von unserem Ziel haben, dann motiviert uns das und hilft uns durchzuhalten.

Die fünfjährige Lea hat sich bei einem Unfall auf dem Abenteuerspielplatz den Fuß gebrochen. Sie kann jetzt lange Zeit nicht wie gewohnt herumlaufen, hat aber großen Bewegungsdrang. Lea fühlt sich unglücklich mit ihrer Situation und jammert viel. Mit ihren fünf Jahren besitzt sie noch nicht die Disziplin, geduldig abzuwarten, bis ihr Fuß wieder heilt. Um ihr das Warten zu erleichtern, malen sich die Eltern mit ihr zusammen aus, was Lea alles tun und wohin sie gehen wird, wenn ihr Fuß wieder in Ordnung ist. Sie erzählen sich gegenseitig Geschichten darüber, was die geheilte Lea alles Tolles unternehmen wird, und schmücken diese Geschichten mit vielen Details aus. Lea malt sogar bunte Bilder, auf denen sie zu sehen ist, wie sie mit ihren Eltern Karussell fährt oder mit der Oma in den Zoo geht. Die Eltern hängen diese Bilder so auf, dass Lea sie vom Bett aus sehen kann. Die klare Zielvorstellung und die Vorfreude machen es ihr leichter abzuwarten, bis ihr Fuß geheilt ist.

Christina, 13 Jahre alt, ist sauer. Sie spielt in der Theatergruppe der Schule mit und hat heute ihren Text für das neue Stück bekommen. Zur Überraschung aller hat der Theaterleiter ein englisches Stück ausgesucht. Da fällt das Lernen des Textes den meisten Schülern besonders schwer. Christina muss viel auswendig lernen und verspürt wenig Lust dazu. Einen englischen Text zu lernen findet sie ätzend, aber jetzt kann sie die AG auch nicht mehr wechseln, sie hat sich für dieses Schuljahr verpflichtet. Sie sitzt leise schimpfend in ihrem Zimmer, weil sie sich den englischen Text nicht so schnell merken kann. Ihre Mutter hört sie schimpfen und geht zu ihr hinein. Sie sprechen über das neue Stück und all die Mühe, die Christina mit ihrer Rolle hat. Die Mutter lässt Christina die Vorstellung entwickeln, wie es sein wird, wenn sie bei der Premiere auf der Bühne steht in einem historischen Kostüm und fließend englisch spricht. Sie ermuntert ihre Tochter sich vorzustellen, wie stolz sie selbst auf sich sein wird und wie es sich für sie anfühlen wird, wenn man ihr applaudiert. Diese Bilder vom Ziel helfen Christina, sich zu überwinden und mehr Geduld mit sich und dem neuen Text zu haben.

Je klarer das Bild wird, das Sie zusammen mit Ihrem Kind vom Ziel entwickeln, desto hilfreicher kann dieses Bild beim Aufbau der nötigen Motivation sein. Ein solches Bild lässt sich in schwachen Momenten immer wieder hervorholen und erinnert daran, wofür man sich so bemüht. Es erleichtert auf diese Weise das Durchhalten und kann sogar richtig Lust machen sich anzustrengen.

Erinnerungshilfen

Ein Ziel lässt sich leichter erreichen, wenn es in unserem Denken präsent ist. Oft gestaltet sich die Erreichung des Ziels gerade deshalb so schwierig, weil wir anderes gewohnt sind. Um ans Ziel zu gelangen, müssen dann Verhaltensmuster durchbrochen werden. Aber bekanntlich besitzt die Gewohnheit viel Macht über uns. Das Vertraute hält sich hartnäckig, und Dinge anders zu tun als gewohnt, kann manchmal zum Schwierigsten überhaupt gehören. Wenn Sie also wollen, dass Ihr Kind ein neues Verhaltensmuster aufbaut, dann helfen Sie ihm, indem Sie ihm das gewünschte Verhalten immer wieder bewusst machen.

Der zehnjährige Sebastian soll seine Ernährungsgewohnheiten verändern, da er übergewichtig ist. Seine Eltern haben, um ihn zu unterstützen, kleine Merkzettel an verschiedenen Stellen der Wohnung verteilt. Über dem Fernsehapparat klebt beispielsweise ein Foto, das die Mutter aus einer Zeitschrift ausgeschnitten hat. Es zeigt einen Jungen in Sebastians Alter, der schlank ist und mit anderen Kindern über eine Wiese tobt. Der Junge lacht und macht gerade einen Luftsprung. Sebastian hat oft beim Fernsehen genascht, und das Bild soll ihn nun daran erinnern, wie sehr es sich lohnt, auf das Naschen zu verzichten. Im Badezimmer hat der Vater einen Zettel auf den Spiegel geklebt, auf dem steht: „Du schaffst es, Sebastian!“ Auf diese Weise hat Sebastian das Ziel ständig vor Augen.

Agnes sorgt sich, weil ihr neunjähriger Sohn Marius sehr oft vergisst, seine Zähne zu putzen, nachdem er etwas gegessen hat. Darum erinnert sie ihn mit kleinen Merkzetteln ans Zähneputzen, die sie an strategisch wichtigen Plätzen der Wohnung verteilt. So hat sie beispielsweise in den Schrank mit den Süßigkeiten das Bild einer Zahnbürste geklebt. Und an der Tür zum Badezimmer hängt ein Zettel, auf den sie geschrieben hat: „Karies ist uncool!“

In welcher Weise Sie jeweils dem Ziel Präsenz im Bewusstsein Ihres Kindes verleihen, bleibt Ihrer Phantasie überlassen. Sie können mahnende, witzige oder ermunternde Zettel schreiben, bunte Bilder auswählen, die das Ziel gut repräsentieren, Poster aufhängen und alles tun, was Ihnen geeignet scheint, die Aufmerksamkeit des Kindes immer wieder neu auf das Ziel zu richten. Wechseln Sie hin und wieder die Bilder oder Sprüche aus, damit Ihr Kind sich nicht so sehr daran gewöhnt, dass es sie nicht mehr wahrnimmt. Alles hilft, was das Kind an sein Ziel erinnert.

Lösungssprache sprechen

Die Wahl unserer Worte besitzt großen Einfluss auf das Gelingen. Denn Sprache und Denken hängen sehr eng zusammen. Mit unserer Art zu sprechen können wir bei unseren Kindern bestimmte Gedanken erzeugen; diese Gedanken finden dann Ausdruck im Handeln der Kinder. Auf diese Weise schafft Sprache Wirklichkeit. Wie wir von einem Ziel sprechen, kann also entscheidenden Einfluss darauf haben, ob dieses Ziel erreicht wird oder nicht.

Die vierzehnjährige Sabine spielt Querflöte und soll an einer Aufführung des Schulorchesters teilnehmen. Sie hat keine große Lust zu üben, weil sie das Stück schwierig findet. Sie erklärt beim Abendessen: „Ich kann das nicht!“ Die Mutter fragt daraufhin: „Wie könntest du es am geschicktesten anstellen, dass du es schaffst?“ Sabine überlegt und meint: „Ich müsste jeden Tag mindestens eine halbe Stunde üben. Ich müsste mich immer nur auf einen kleinen Teil des Stücks konzentrieren, weil ich die Krise kriege, wenn ich alles auf einmal durchspielen soll.“ Sie hat damit einen Lösungsweg gefunden. Die Eltern ermuntern sie, sofort mit dem Üben anzufangen. Hätte die Mutter hingegen geantwortet „Wie, du kannst das nicht? Was soll das heißen?“ oder hätte sie gesagt: „Aber natürlich kannst du das, du musst dich nur anstrengen“, dann hätte sie damit sehr wahrscheinlich Sabines Widerspruchsgeist geweckt, die ihr daraufhin zu beweisen versucht hätte, dass sie mit dem Stück hoffnungslos überfordert sei.

Der fünfjährige Max sitzt vor seinem Puzzle und zeigt sich frustriert und unzufrieden. „Das geht nicht weiter." sagt er. Der Vater fragt: „Was müsstest du tun, damit du weiterkommst, obwohl du an einer bestimmten Stelle nicht gleich das richtige Teil zum Anlegen findest?" Max sieht ihn an und sagt: „An einer anderen Stelle weitermachen." „An welcher Stelle könntest du denn stattdessen weitermachen?" Und Max sucht eifrig nach einem Puzzelteil, das er an einer anderen Stelle anlegen kann.

Wenn Ihr Kind Dinge sagt wie „Ich kann das nicht", „Das geht nicht", „Das ist zu schwer", dann fragen Sie in die Lösung hinein, nicht in das Problem. Problemsprache zu sprechen hieße, Dinge zu sagen wie „Warum kannst du das nicht?", „Wieso geht das nicht?", „Was stimmt da nicht?" oder, noch schlimmer, „Was machst du falsch?". Damit würde die Aufmerksamkeit des Kindes auf das gelenkt, was scheinbar nicht gut funktioniert oder seiner Meinung nach sogar unmöglich ist. Dadurch wird das Problem eher größer. Wenn Sie hingegen in die Lösung hineinfragen, dann sprechen Sie damit die Kompetenzen und Ressourcen Ihres Kindes an. Das hilft ihm, Wege zu entdecken, wie es sein Ziel doch noch erreichen kann. Statt aufzugeben wird es nun angeregt, über Lösungsstrategien nachzudenken. Damit kommt es dem Ziel näher.

Fortschritte visualisieren
Erfolg motiviert. Darum lohnt es sich, wenn Sie nach einer Möglichkeit suchen, wie Sie die Erfolge Ihres Kindes sichtbar machen können. Der sichtbar gewordene Erfolg wird das Kind stolz machen und lässt ihm seine Ressourcen bewusst werden. Daraus gewinnt es Kraft, um durchzuhalten oder sich neuen Aufgaben zu stellen.

Anna ist sieben Jahre alt und lernt gerade schreiben. Sie tut sich schwer damit. Die Mutter wählt deswegen zu Übungszwecken jede Woche einen kurzen Text aus, den sie dann täglich mit Anna übt. Anna soll ihn immer zuerst einmal abschreiben, und danach diktiert die Mutter ihn ihr. Am Ende zählt die Mutter alle Fehler zusammen, die Anna beim Abschreiben und beim Diktat gemacht hat. Die Anzahl der Fehler wird dann in eine Tabelle eingetragen, die in der Küche hängt. So kann Anna im Laufe der Woche verfolgen, wie sie Tag für Tag weniger Fehler macht. Sie ist sehr stolz auf ihre wöchentlichen Leistungen und gibt sich jeweils große Mühe, die Fehlerzahl des vorangegangenen Tages zu unterschreiten. Aber selbst wenn ihr das nicht immer gelingt, sieht sie doch vom Wochenbeginn bis zum Wochenende immer eine deutliche Verbesserung.

Der dreizehnjährige Sam kümmert sich nach Ansicht seiner Mutter zu wenig um seine Angelegenheiten. Er räumt nicht auf, vergisst die kleinen Aufgaben, die ihm im Haushalt übertragen wurden, und füttert sein Kaninchen nicht regelmäßig. Die Eltern haben nun eine Tabelle erstellt mit sämtlichen täglichen Aufgaben und kontrollieren jeden Abend, welche dieser Aufgaben von Sam erledigt wurden. Das Ergebnis tragen sie in die Tabelle ein. Eine grüne Markierung bedeutet „zur Zufriedenheit erledigt“, eine rote Markierung bedeutet das Gegenteil. Die Tabelle hängt deutlich sichtbar im Flur. Sam hat auf diese Weise nicht nur klar vor Augen, was von ihm erwartet wird, sondern er entwickelt auch den Ehrgeiz, möglichst viele grüne Markierungen auf der Tabelle zu sehen.

Es gibt sicher viele Möglichkeiten, mit Zeichen, Symbolen oder Gegenständen den Erfolg zu visualisieren. Es wäre beispielsweise auch denkbar, mit einem Kind ein Erfolgstagebuch zu führen. Der Phantasie sind wie immer keine Grenzen gesetzt.

Mir ist es wichtig, an dieser Stelle noch einmal darauf hinzuweisen, dass es nicht darum geht, die Leistungen Ihres Kindes mit denen anderer Kinder zu vergleichen. Ihr Kind soll sich nur mit sich selbst vergleichen und versuchen, besser zu sein, als es bislang war.

Gemeinsam agieren

Wenn Ihr Kind diszipliniert auf ein Ziel zusteuern soll, dann kann es ihm sehr helfen, wenn Sie einzelne Schritte dorthin mit ihm gemeinsam unternehmen. Seite an Seite mit Ihnen voranzuschreiten, bedeutet für das Kind eine große Unterstützung. Es kann sich dann viel leichter überwinden zu tun, was nötig ist.

Margot hat zwei kleine Mädchen, zwei und vier Jahre alt. Sie legt Wert auf eine gute Zahnhygiene und marschiert deswegen nach jeder Mahlzeit mit ihren Mädchen ins Badezimmer, wo sie sich gemeinschaftlich zu dritt die Zähne putzen. Auf diese Weise wird den Mädchen das regelmäßige Zähneputzen nicht nur selbstverständlich, sondern es erübrigen sich auch Ermahnungen und Diskussionen. Sich mit der Mutter zusammen die Zähne zu putzen, das macht den Mädchen sogar Spaß.

Um abzunehmen, soll der zehnjährige Sebastian für mehr körperliche Bewegung sorgen. Sebastian wäre keineswegs aufgeschlossen für Anweisungen der Eltern, sich mehr zu bewegen. Wenn sie aber am Wochenende gemeinschaftlich eine lange Radtour unternehmen, findet er das toll und macht sehr gerne mit. Sie besuchen deswegen mit dem Fahrrad gemeinsam sämtliche Burgen der Umgebung, fahren zusammen mit dem Fahrrad ins Schwimmbad und besuchen einige Abenteuerspielplätze.

Aus den gemeinsamen Aktivitäten mit Ihren Kindern kann durchaus Spaß entstehen. Sie kommen ihnen näher, ersparen sich Ermahnungen und Schimpfen und können ganz sicher gehen, dass die Kinder tun, was Sie für richtig halten. Der einzige Nachteil besteht möglicherweise darin, dass Sie Zeit investieren müssen und dass es Ihnen vielleicht selbst schwer fällt, sich zu disziplinieren. Aber in diesem Fall ist das Ganze vielleicht sogar eine gute Übung für Sie selbst.

Sebastians Vater würde sich am liebsten in die Sonne legen und gar nichts tun. Er hat eine anstrengende Woche hinter sich. Aber er hatte zu Wochenbeginn versprochen, mit der Mutter und mit Sebastian an diesem Wochenende eine Radtour zu einer großen Burgruine zu unternehmen. Er rafft sich also auf, und als er auf seinem Fahrrad sitzt, der Fahrtwind sein Gesicht kühlt und er den Duft der blühenden Wiesen einatmet, fühlt er sich sehr wohl und ist froh, mitgekommen zu sein.

Die Mühen der Eltern

Sie sehen an dem Beispiel von Sebastians Vater und auch an vielen anderen Beispielen in diesem Buch, wie viel Einsatz wir Eltern leisten müssen, um unsere Kinder zu diszipliniertem Verhalten zu befähigen. Auch wenn uns all die Profi-Tipps, die ich soeben behandelt habe, bekannt und vertraut sind, so bleibt Erziehung zur Disziplin doch auf jeden Fall ein anstrengender Job. Es gilt, am jeweiligen Ziel dranzubleiben, das Verhalten der Kinder immer wieder zu überwachen, Fortschritte zu kontrollieren, Forderungen zu stellen, Regeln auszuhandeln, uns mit Widerständen auseinander zu setzen, den Kindern phantasievoll Unterstützung anzubieten, regelrechte Schlachtpläne auszuarbeiten und in unseren Bemühungen nicht nachzulassen.

Und wenn Sie dann vielleicht selbst gerade müde oder sehr beschäftigt sind, wird Ihr innerer Schweinehund Sie zuweilen davon abhalten, sich so zu engagieren, wie Sie es für nötig halten und wie es wohl auch tatsächlich manchmal gut wäre. Ich gebe freimütig zu, dass auch mein innerer Schweinehund mir manchmal zuraunt: „Lass laufen! Wird schon gut gehen!" Und in vielen Situationen geht es dann wirklich gut, wenn auch nicht immer auf die Art und Weise, wie ich mir das vorgestellt habe.

Kinder haben durchaus Kompetenzen und sie verfügen über vielerlei Ressourcen. Wir können und dürfen nicht alles für sie regeln und sie in allem wachsam begleiten. Sie müssen und sollen auch in ihrem Leben Bereiche haben, in denen wir als Eltern nicht mitmischen. Sie brauchen eine Art Privatleben, in dem für uns Eltern kein Platz ist, einen Winkel, in den wir nicht hineinschauen dürfen, ihre kleinen Geheimnisse, die wir nicht wissen sollten. Und sie brauchen auch Bereiche, in denen sie frei agieren und sich erproben dürfen, damit sie ihre eigenen Erfahrungen machen und ihre eigenen Lektionen lernen können.

Es ist beides unverzichtbar: dass wir uns einmischen und dass wir uns raushalten. Wir sollten beides gut können. Und klug zu unterscheiden wissen, wann jeweils das eine und wann das andere angebracht ist. Aber wenn wir uns denn einmischen, sollten wir uns bewusst sein, dass die Angelegenheit sehr anstrengend werden kann. Vorgaben zu machen und sie durchzusetzen kann auf vielerlei Hindernisse stoßen. Darum ist es wichtig, dass wir vorher für uns selbst prüfen: Wie wichtig ist mir die Angelegenheit? Was bin ich bereit, dafür zu tun? Auf welche Schwierigkeiten muss ich in dieser Sache gefasst sein? Wie könnte ich ihnen begegnen?

Es erfordert Mühe, ein Kind zu disziplinieren. Das ist eine Aufgabe, die anstrengt, die Energie und Zeit kostet. Und die wir auf jeden Fall annehmen müssen. Aber in welcher Angelegenheit und zu welchem Zeitpunkt wir jeweils tätig werden, müssen wir von Mal zu Mal neu entscheiden.

Wenn Sie tatsächlich abends zu müde sind, um Grundsatzdiskussionen mit Ihren Kindern zu führen und Schlachtpläne zu entwerfen, dann sagen Sie zu Ihrem Kind: „Mit dem, was du da tust, bin ich nicht einverstanden. Aber ich bin jetzt zu müde, um mich mit dir darüber zu unterhalten oder gar mit dir darüber zu streiten. Wir reden aber auf jeden Fall morgen noch darüber." Es gibt nicht allzu viele Situationen, die ein sofortiges Handeln Ihrerseits unbedingt notwendig machen. Und in allen anderen Fällen verschieben Sie das Gespräch eben auf einen Zeitpunkt, zu dem Sie mehr Kraft haben. Denn die werden Sie in sehr vielen Fällen brauchen, wenn Sie von Ihrem Kind Disziplin fordern. Und wenn Sie tatsächlich nicht in der Verfassung sind zu einer Auseinandersetzung, dann hat es auch nicht viel Sinn, eine zu führen. Sie wären nämlich sehr wahrscheinlich nicht allzu überzeugend, da Sie ja nur halbherzig an die Sache herangehen.

7. Wie können Sie auf Disziplinlosigkeit reagieren?

Regelverstöße nicht ignorieren

Wenn wir als Eltern Regeln aufstellen oder mit unseren Kindern aushandeln, können wir uns nie darauf verlassen, dass sie von den Kindern auch eingehalten werden. Regelverstöße sind an der Tagesordnung und völlig normal. Es ist nichts Besonderes oder Beunruhigendes daran. Es gibt viele Gründe für Kinder, sich an Abmachungen und an Vorgaben der Eltern nicht zu halten; und einige dieser Gründe können durchaus nachvollziehbar und sogar vernünftig sein. Ich werde darauf weiter unten noch ausführlicher eingehen. Aber ganz gleich, warum Kinder gegen eine bestimmte Regel verstoßen mögen – wir dürfen ein solches Verhalten niemals ignorieren.

Der elfjährige Tobias spielt leidenschaftlich gern Computerspiele. Seine Eltern halten es aber nicht für sinnvoll, dass er ganze Nachmittage vor dem Computer verbringt. Deshalb haben sie die Zeit, die er täglich vor dem Computer sitzen darf, auf höchstens zwei Stunden begrenzt. Tobias hat bereits von 14 bis 16 Uhr am Computer gespielt und danach mit seinen Hausaufgaben begonnen. Als seine Mutter zwischendurch noch einmal das Haus verlässt, trifft sie ihn bei ihrer Rückkehr vor dem Computer an. Sie sagt nichts, sondern geht in die Küche, um das Abendbrot vorzubereiten.

Die vierjährige Maike hat von einer Freundin ihrer Mutter eine riesengroße Tafel Schokolade geschenkt bekommen. Die Mutter wollte die Tafel für Maike aufbewahren und ihr dann Stück für Stück etwas davon zuteilen. Aber Maike wollte die Tafel auf keinen Fall hergeben. Die Mutter hat deswegen mit ihr vereinbart, dass Maike ihre Schokolade behalten darf, wenn sie verspricht, jeden Tag nur einen Riegel davon zu essen. Aber Maike hält sich nicht daran, sondern isst die Hälfte der Schokolade auf einmal. Als die Mutter das feststellt, weiß sie nicht recht, wie sie sich nun verhalten soll.

Die vierjährige Maike und der elfjährige Tobias handeln gegen die Regel bzw. Vereinbarung. Wenn die Erwachsenen nicht darauf reagieren würden, wäre die Regel damit außer Kraft gesetzt und bedeutungslos geworden. Tobias würde daraus lernen: „Ich kann ja doch so viel am Computer spielen, wie ich mag", und Maike könnte daraus schließen: „Ich kann so viel Schokolade essen wie ich mag." Die Erwachsenen hätten somit im Grunde gleich darauf verzichten können, das Verhalten ihrer Kinder zu reglementieren. Und falls sie es in einem anderen Zusammenhang und mit einer anderen Regel vielleicht einmal sehr ernst meinen sollten, dürfen sie nicht erwarten, von ihren Kindern ernst genommen zu werden.

Die Mutter von Tobias nimmt eine neue Stelle an und wird in Zukunft weniger zuhause sein können. Darum erwartet sie von allen Familienmitgliedern Unterstützung im Haushalt, und Tobias erhält die Aufgabe, regelmäßig die Spülmaschine auszuräumen und den Müll hinauszutragen. Er gibt seine Zustimmung, aber bereits in der ersten Woche danach tut er nichts von dem, was ihm aufgetragen wurde.

Wenn wir nicht auf Einhaltung der Regeln achten, verlieren wir unsere Glaubwürdigkeit. Die Kinder haben dann allen Grund, uns nicht mehr ernst zu nehmen. Da es sehr anstrengend sein kann, über die Einhaltung von Regeln zu wachen, sollten wir uns daher sehr gut überlegen, welche Regeln wir aufstellen. Denn jeder Regelverstoß sollte zur Sprache gebracht werden! Es gibt keinen Grund, den Kindern sofort vorwurfsvoll entgegen zu treten, da wir ja nicht wissen können, was sie zu ihrem Verhalten veranlasst hat. Aber wir müssen sie auf den Regelverstoß ansprechen und um eine Erklärung bitten.

Die Mutter von Maike sagt zu ihrer Tochter: „Ich habe gerade entdeckt, dass du schon die Hälfte der großen Tafel Schokolade aufgegessen hast. Du hattest doch versprochen, jeden Tag nur einen Riegel zu essen! Wie kommt denn das, dass du nun schon die Hälfte der Tafel aufgegessen hast?" Maike meint dazu: „Ich hatte so Hunger." Die Mutter erwidert: „Aber wenn du Hunger hast, darfst du keine Schokolade essen. Die ist nur zum Genießen, wenn man keinen richtigen Hunger mehr hat. Jetzt gibst du mir bitte den Rest der Schokolade, und ich hebe sie für dich auf. Du darfst jeden Tag nach dem Mittagessen einen Riegel davon haben!"

Die Mutter übernimmt bei diesem Beispiel wieder die volle Kontrolle. Es wäre natürlich auch denkbar gewesen, dass sie ihrer Tochter eine zweite Chance gibt, den Umgang mit Schokolade zu üben. Eine andere Mutter hätte vielleicht anders gehandelt. Ausschlaggebend wäre hier die Frage, ob Maike überhaupt schon in der Lage ist, der Versuchung zu widerstehen. Offensichtlich glaubt ihre Mutter, sie sei damit noch überfordert, und teilt deshalb die Schokolade lieber selbst zu.

Aber ganz gleich, wie Sie in diesem Fall entschieden hätten – es kommt darauf an, dass das Verhalten des Kindes überhaupt zur Sprache gebracht, als Regelverstoß identifiziert und dass nach den Gründen gefragt wird. Denn wenn Sie einen Regelverstoß schweigend hinnehmen, setzen Sie damit, wie gesagt, die Regel selbst außer Kraft. Auf Dauer ergäben sich daraus Beliebigkeit und Chaos.

Wenn wir unsere Kinder auf Regelverstöße ansprechen und eine Erklärung fordern, kann das zu einer mehr oder weniger heftigen Auseinandersetzung führen. Viele Eltern scheuen diese Auseinandersetzungen, und sie sind in der Tat nicht angenehm. Häufig kommen auf beiden Seiten schnell sehr heftige Gefühle ins Spiel. Aber so nervenaufreibend derartige Szenen sich auch gestalten mögen – es führt kein Weg darum herum. Auseinandersetzungen gehören zur Erziehung von Kindern dazu. Das auszuhalten ist Teil der Aufgabe. In diesen Auseinandersetzungen geht es nicht darum, dass Sie Ihre Position durchsetzen, komme, was wolle. Das wäre Sturheit, und die hat keinen Wert an sich. Sturheit ist nur dann gerechtfertigt, wenn Sie hundertprozentig von Ihrer Position überzeugt sind und genau wissen, dass es keine Alternative gibt.

Eine meiner Töchter wollte im Alter von vierzehn Jahren ganz allein mit ihrem Freund an Silvester nach Frankfurt fahren und dort feiern. Sie hatte keine Vorstellung davon, wo sie dort hingehen wollte, wusste nur, sie wollte mit ihrem Freund allein sein und in der Großstadt Silvester feiern. Da ich meine Aufsichtspflicht sehr ernst nehme, habe ich dieses Vorhaben mit wenigen klaren Worten rundheraus verboten. Die anschließende Auseinandersetzung gestaltete sich sehr heftig, aber ich war zu keinem Kompromiss bereit, da ich zutiefst überzeugt bin, dass eine Minderjährige nicht ohne Aufsicht in einer Großstadt Silvester feiern sollte.

Aber in den meisten Fällen liegen die Dinge nicht ganz so eindeutig wie bei diesem Beispiel. Dann kann es durchaus geschehen, dass Ihr Kind sogar einmal das bessere Argument hat. Es ist völlig in Ordnung, wenn Sie dann nachgeben und eine neue Regel mit Ihrem Kind aushandeln. Vielleicht haben Sie einen wichtigen Punkt nicht bedacht, als Sie die betreffende Regel aufstellten. Dann korrigieren Sie Ihren Fehler. Sie verlieren damit nicht an Glaubwürdigkeit, sondern gewinnen eher an Vertrauenswürdigkeit und Überzeugung. Denn Sie zeigen damit Ihrem Kind, wie sehr Ihnen daran gelegen ist, dass Sie ihm gerecht werden und dass Sie nur auf die Einhaltung solcher Regeln pochen, die wirklich Sinn machen.

Diszipliniertes Verhalten von unseren Kindern zu fordern hat, wie ich weiter oben ausgeführt habe, aus vielen Gründen seine Berechtigung. Disziplinlosigkeit und Regelverstöße müssen deshalb zum Thema gemacht und besprochen werden. Den möglicherweise daraus resultierenden Auseinandersetzungen müssen wir uns stellen, obwohl das unangenehm und kräftezehrend sein kann. Aber unsere Kinder brauchen manchmal eine Reibungsfläche. Und Reibung erzeugt Wärme. Auch in einer Auseinandersetzung kann man sich näher kommen. Und die Kinder erfahren nicht zuletzt in der Auseinandersetzung mit uns, dass sie uns wichtig sind. Wenn sie zuweilen auf unseren entschlossenen Widerstand stoßen, dann mögen sie sich zwar in ihrer Freiheit beschnitten fühlen; der Widerstand, den wir ihnen entgegensetzen und auch unsere Begrenzung ihres Verhaltens durch Regeln geben ihnen jedoch zugleich emotionalen Halt. Auch wenn sie es nicht in der aktuellen Situation einsehen mögen – wir tun ihnen damit etwas Gutes.

Nach den Gründen forschen

Undiszipliniertes Verhalten entsteht nicht zufällig. Es gibt immer einen Grund dafür. Manchmal scheint er offensichtlich zu sein, in anderen Fällen bleibt er sogar dem Kind selbst verborgen.

Maike konnte sich die große Tafel Schokolade nicht einteilen, wie sie es mit ihrer Mutter besprochen hatte. Sie verfügt mit ihren vier Jahren einfach noch nicht über die Mechanismen, die es ihr ermöglichen würden, einer solch starken Versuchung zu widerstehen.

Lauren ist seit einiger Zeit in der Schule sehr unkonzentriert und fällt durch sein störendes Verhalten auf. Seine Eltern haben gerade beschlossen sich zu trennen, und zu Hause erlebt er täglich Auseinandersetzungen zwischen ihnen. Er hat das Gefühl, den Boden unter den Füßen zu verlieren. Seine Verstörtheit äußert sich u. a. in seiner Unkonzentriertheit – wie soll man sich auch auf die Schule konzentrieren können, wenn einem das Herz so schwer ist!? – und Disziplinlosigkeit. Das Störverhalten, das er zeigt, hat zwei Funktionen: Er baut damit Spannung ab und er macht auf sich aufmerksam. Es ist, als wolle er damit seinen Mitschülern und Lehrern sagen: „Jetzt schaut doch endlich mal auf mich! Niemand denkt an mich, meine Eltern kümmern sich nur um sich selbst und keiner interessiert sich für meine Angst, meine Sorgen und meinen Schmerz."

Der vierzehnjährige Artur soll seine Sachen aufräumen. Der Vater ärgert sich über all die Unordnung, die sein Sohn dauernd anrichtet. Tatsächlich lässt er aber selbst die Teile seiner Zeitung über den Tisch ausgebreitet liegen, im Flur stehen mehrere Paar Schuhe, die er noch nicht weggeräumt hat, und der Aschenbecher im Wohnzimmer quillt über von seinen Zigarettenstummeln und verbreitet einen unangenehmen Geruch. Der Vater ist eben kein überzeugendes Vorbild.

Die fünfjährige Katharina nimmt an einem Schwimmkurs teil. Sie weigert sich konsequent zu tauchen und will auf keinen Fall, dass ihr Kopf unter Wasser gerät. Der Schwimmlehrer versucht sie zu überzeugen, dass das gar nicht schlimm sei, er lockt sie, er fordert, er macht sie vor den anderen Kindern lächerlich. Katharina bleibt standhaft und nimmt in Kauf, als wasserscheu und feige betrachtet zu werden. Monate später stellt sich bei einer Untersuchung zufällig heraus, dass sie Probleme mit den Ohren hat. Es wäre gar nicht gut für sie gewesen zu tauchen.

Dem zweijährigen Kaspar ist es streng verboten, alleine den Wasserhahn zu bedienen. Er weiß nämlich oft nicht, in welche Richtung er drehen muss; dann kann er den Wasserhahn nicht wieder zudrehen, sondern dreht ihn zu weit auf, und alles um ihn herum wird nass. Die Eltern haben verständlicherweise keine Lust, ständig aufzuwischen, und sie wollen auch nicht, dass Wasser verschwendet wird. Kaspar liebt jedoch Wasserhähne, er findet sie faszinierend. Die Eltern verlangen aber, er müsse sich diszipliniert an ihr Verbot halten. Nach einer Weile hat er verstanden und akzeptiert das Verbot. Als er jedoch drei Jahre alt geworden ist, fängt er wieder an, am Wasserhahn zu spielen. Jetzt begreift er, in welche Richtung er drehen muss. Indem er sich über das Verbot seiner Eltern hinwegsetzt, begeht er streng genommen eine Disziplinlosigkeit, jedoch ist sein Verhalten angemessen, da aufgrund seines aktuellen Entwicklungsstands das Verbot seiner Eltern überholt ist.

Die dreijährige Martina darf nicht mit der Erde im Blumentopf spielen. Im Wohnzimmer steht eine riesengroße Zimmerpflanze, und Martina fühlt sich von der weichen Erde im Topf magisch angezogen. Als ihr das Spielen damit verboten wird, steckt sie vor den Augen der Eltern langsam und bewusst, mit herausfordernden Blicken, ihre Hand in die Erde, nimmt eine Faustvoll davon und lässt die Erde neben dem Blumentopf auf den Parkettboden rieseln. Sie begeht eine Grenzüberschreitung, weil sie die Eltern testen will. Sie muss wissen, wie ernst es den Eltern mit ihrem Verbot ist und was passieren wird, wenn sie sich nicht daran hält.

Dies sind nur einige Beispiele für Regelverletzungen. All diese Kinder verhalten sich nicht so, wie es von ihnen erwartet und gefordert wird. Und alle haben sie berechtigte Gründe für ihr Verhalten. Wir dürfen diese Gründe nicht ignorieren und weiterhin blind und stur auf Befolgung der Regeln beharren. Wir würden damit den Kindern nicht gerecht, würden ihnen möglicherweise damit sogar Gewalt antun.

Und langfristig ist es zudem recht aussichtslos, eine Forderung durchzusetzen, mit der wir die Gefühle und Bedürfnisse eines Kindes nicht ausreichend berücksichtigen. Nietzsche war der tiefen Überzeugung: „Erziehung soll Tugenden, so gut es geht, erzwingen." Ich kann ihm hierin auf gar keinen Fall zustimmen. Denn wenn Sie beispielsweise ein Kind zwingen wollten, diszipliniert ein Instrument zu lernen, das das Kind gar nicht mag, wird daraus ein täglicher Kampf entstehen, aber sicher keine Liebe zur Musik. Wenn wir gegen die Natur der Kinder arbeiten und ihre guten Gründe ignorieren, erzeugen wir dauerhaft Stress und schlechte Gefühle für beide Seiten. Wir können also sinnvollerweise nur solche Regeln aufstellen, mit denen wir allen Beteiligten gerecht werden. Um das zu erreichen, brauchen wir Informationen darüber, warum ein Kind eine Regel missachtet, die uns selbst so vernünftig und berechtigt erscheint.

Wenn ein Kind sich undiszipliniert verhält, teilt es damit immer etwas über sich mit. Wir müssten in diesem Fall also nach den Gründen forschen und dem Kind sehr gut zuhören. Letzteres ist besonders deshalb wichtig, weil Kinder uns manchmal nicht klar und unmissverständlich ihre Gründe dafür deutlich machen können, warum sie sich undiszipliniert verhalten. Dann gilt es, gut zu beobachten und auch zwischen den Zeilen zu lesen. Würde man beispielsweise die kleine Martina fragen, warum sie die Erde aus dem Blumentopf nimmt und vor den Augen der Eltern auf das Parkett wirft, wäre sie ganz bestimmt außer Stande, dazu eine einleuchtende Erklärung abzugeben. Es ist ihr nicht bewusst, dass sie die Eltern testet. Und sie ist, auch wegen ihres sprachlichen Entwicklungsstandes, noch gar nicht fähig, erschöpfend über sich Auskunft zu geben. Die Eltern können die nötigen Informationen also nur aus ihrer Körpersprache erschließen. Das bedeutet, Sie brauchen in vielen Fällen eine gute Beobachtungsgabe und ein hohes Maß an Einfühlungsvermögen, um die Beweggründe eines Kindes erfassen zu können.

Wenn Sie glauben zu wissen, was hinter einer Disziplinlosigkeit steckt, können Sie entscheiden, wie Sie sich verhalten wollen: ob sie weiterhin auf Ihrer Forderung bestehen oder Ihre Erwartung an das Kind verändern.

Laurens Klassenlehrerin beschließt, Lauren für seine Störmanöver im Unterricht nicht zur Verantwortung zu ziehen. Sie gibt ihren Anspruch auf diszipliniertes Verhalten auf, weil sie überzeugt ist, dass Lauren in seiner angespannten Situation gar nicht im Stande ist, sich zu kontrollieren.

Die Eltern der dreijährigen Martina hingegen reagieren streng, als Martina die Erde aus dem Blumentopf nimmt und auf den Fußboden wirft. Sie wollen Martina deutlich machen, wie ernst es ihnen mit ihrem Verbot ist. Deshalb ruft die Mutter laut „Nein, Martina, das darfst du nicht tun!“, als Martina die Erde auf das Parkett rieseln lässt. Sie packt daraufhin Martina am Arm, geht mit ihr zum Besenschrank und holt den Handfeger und das Kehrblech heraus. Martina muss den Handfeger tragen und der Mutter helfen, die Erde aufzufegen und in den Blumentopf zurückzuwerfen.

Erziehung ist ein wechselseitiger Prozess. Das undisziplinierte Verhalten unserer Kinder kann uns dazu anregen, über die Gründe nachzudenken, weshalb wir von unseren Kindern ein bestimmtes Verhalten erwarten. Wenn Kinder uns gar mit ihrem Verhalten herausfordern, kann das ein guter Anlass sein, über uns selbst nachzudenken. Manchmal erfahren wir dann Dinge über uns, die uns ohne die Regelverstöße unserer Kinder gar nicht klar geworden wären.

In Wolfgangs Herkunftsfamilie war es üblich, Sonntags gemeinsam nach dem Mittagessen einen längeren Spaziergang zu machen. Wolfgang hat diese Gewohnheit selbstverständlich auch für seine eigene Familie übernommen. Seiner Frau gefällt das sonntägliche Ritual des gemeinsamen Spaziergangs, und die Kinder haben, solange sie noch klein sind, auch nichts dagegen. Als sie aber heranwachsen, beginnen sie eigene Pläne für den Sonntag Nachmittag zu machen und wollen sich an die Pläne der Eltern nicht mehr anpassen. Wolfgang überlegt, warum ihm der Sonntagsspaziergang so wichtig ist und stellt fest, dass er ihn nur aus Gewohnheit unternimmt und dass er sich sehr gut auch eine ganz andere Beschäftigung für den Sonntag Nachmittag vorstellen kann. So führt die Weigerung seiner Kinder, der Familienregel Folge zu leisten, dazu, dass er seine Motive überprüft und sein Verhalten ändert.

Unsere Kinder zwingen uns wieder und wieder dazu, Farbe zu bekennen. Wenn Kinder sich disziplinlos verhalten, kann das auch an den Erwachsenen liegen. Vielleicht fordern wir etwas, das unpassend ist oder gar unmöglich. Es gibt viele verborgene Motive dafür, dass wir bestimmte Verhaltenserwartungen an unsere Kinder richten. Indem sie sich manchmal weigern, diese Erwartungen zu erfüllen und sich undiszipliniert verhalten, geben sie uns auf diese Weise zugleich Gelegenheit, die eigenen Beweggründe zu erforschen. Es lohnt sich, wenn wir uns darauf einlassen; denn mitunter öffnen uns damit unsere Kinder die Augen über uns selbst. Und erst wenn Sie sich selbst durchschaut haben, werden Sie wirklich frei, souveräne Entscheidungen zu treffen.

Forderungen entschlossen durchsetzen

Angenommen, Sie hätten nun die Gründe erforscht, und zwar sowohl Ihre eigenen als auch die des Kindes. Und Sie würden feststellen, dass Ihre eigenen Gründe berechtigt sind und angemessen, und dass Sie weiterhin die Gründe Ihres Kindes für seine Disziplinlosigkeit nachvollziehen, das entsprechende Verhalten trotzdem nicht billigen können. Was tun Sie dann?

Die dreijährige Diana soll um acht Uhr abends schlafen gehen. Die Eltern halten diese Zeit für angemessen und wollen außerdem miteinander einen Abend ohne ihr Kind verbringen. Diana ist zwar sichtbar müde, reibt sich die Augen und gähnt, aber sie will auf keinen Fall in ihrem Bett bleiben. Alle paar Minuten erscheint sie wieder auf der Bildfläche. Die Eltern vermuten, dass Diana Angst hat, ausgeschlossen zu werden, und dass sie nichts verpassen möchte, was sich im Wohnzimmer abspielt. Aber sie sind dennoch überzeugt davon, Diana solle im Bett bleiben und schlafen. Sie haben beide eine enge Beziehung zu ihrem Kind, es hat also keine Veranlassung, sich generell unerwünscht oder abgeschoben zu fühlen. Und beide Eltern denken, dass sie ab acht Uhr das Recht auf einen ruhigen Abend haben. Obwohl sie Verständnis für die Beweggründe ihrer Tochter aufbringen, sind sie entschlossen, ihr nicht nachzugeben.

Saskia lernt gerade ihre erste Fremdsprache in der Schule. Sie findet den Sprachunterricht zwar ganz lustig, aber das Lernen der Vokabeln ist ihr lästig, das spart sie sich. Darum hat sie schon nach wenigen Wochen ein entsprechendes Defizit und erhält schlechte Noten. Die Eltern können Saskias Un-

lust zwar nachvollziehen, aber das Verhalten ihrer Tochter dennoch nicht billigen.

Wenn Sie einer derartigen Situation gegenüberstehen, können Sie in den meisten Fällen nicht auf Patentrezepte zurückgreifen. Und auch ich kann Ihnen keine liefern. Im Einzelfall sind Sie darauf angewiesen, eine Lösung zu entwickeln, die passt. Manchmal hat man Glück, und der Erfolg stellt sich sofort ein, manchmal muss man aber auch erst ein wenig experimentieren, bevor sich eine brauchbare Lösung abzeichnet. Es ist eine Frage des Einfühlungsvermögens, der Erfahrung und der Phantasie.

Die Eltern der dreijährigen Diana entscheiden sich für folgende Lösung: Jedes Mal, wenn Diana wieder aus ihrem Bett kommt, steht ein Elternteil gleich bereit, um sie freundlich und bestimmt mit immer den gleichen Worten wieder in ihr Bett zu führen. Die Eltern sagen: „Komm, Diana, es ist schon spät, du musst jetzt schlafen gehen. Ich bring dich wieder ins Bett. Gute Nacht, mein Schatz.“ Der Wortlaut wird nicht verändert. So ist die Reaktion der Eltern für Diana ganz und gar vorhersehbar, Diana weiß genau, was sie erwartet, wenn sie aus ihrem Zimmer kommt. Und sie weiß auch, dass sich das Herauskommen nicht lohnt, da nichts Interessantes geschieht. Am ersten Abend kommt sie wohl an die zwanzigmal aus ihrem Zimmer, um zu testen, was passiert, und wohl auch in der Hoffnung, dass sich vielleicht doch noch etwas Interessantes ereignen könnte. Als sie aber merkt, die Reaktion der Eltern bleibt unverändert, schläft sie schließlich ein. Am nächsten Abend wiederholt sich das Spiel, diesmal allerdings nur ungefähr ein Dutzend mal. Am übernächsten Abend unternimmt Diana noch einige halbherzige Versuche und gibt dann endgültig auf. Die Eltern haben sich also mit ihrer Forderung langfristig durchgesetzt, mussten dafür aber etwas Zeit investieren.

Saskias Eltern versuchen ihr klar zu machen, wie unverzichtbar für den Sprachunterricht das Lernen von Vokabeln ist. Sie bestehen darauf, dass Saskia das Versäumte nachar-

beitet. Die Eltern verlangen, Saskia müsse nun täglich zehn alte und fünf neue Vokabeln lernen. Sie wird nach dem Lernen abgehört und darf erst dann einer Freizeitbeschäftigung nachgehen, wenn sie nachweisbar ihr Tagespensum absolviert hat.

Sie sehen an diesen Beispielen, dass es Mühe macht, wenn Sie Ihre Forderungen gegen den Widerstand des Kindes durchsetzen wollen. Sie müssen sich nicht nur etwas ausdenken, sondern haben hinterher meist auch Arbeit mit der Umsetzung. Und trotzdem ist es mitunter notwendig, sich darauf einzulassen. Denn wenn wir darauf verzichten, gewisse Dinge mit Nachdruck von den Kindern einzufordern, dann werden die entsprechenden Ziele unerreichbar. Und es gibt immer wieder im Laufe der Kindheit und Jugend Entscheidungen, die wir den Kindern nicht selbst überlassen dürfen, weil sie damit überfordert wären. Manchmal fehlt ihnen die Einsicht in die Notwendigkeit bestimmter Ziele; manchmal haben sie auch eine falsche Vorstellung von dem Weg, der dorthin führt; denn sie haben bei vielen Dingen des Lebens wegen ihrer geringen Erfahrung noch keinen Überblick und wissen einfach nicht, worauf es ankommt. Und sofern sie sich von uns nicht überzeugen lassen, bleibt uns in diesen Fällen zuweilen nichts anderes übrig, als gegen ihren Widerstand zu handeln. Es kann nicht alles verhandelbar sein! Und letzten Endes tragen wir die Verantwortung für das, was mit unseren Kindern geschieht. Wir sind die Eltern!

In schwierigen Situationen nehmen viele Eltern Zuflucht zu zwei Mechanismen, die uns allen vertraut sind und die sich vielfach bewährt haben, nämlich Belohnung und Bestrafung. Wenn wir unseren Kindern eine Belohnung für das von uns geforderte Verhalten in Aussicht stellen oder ihnen mit einer Strafe drohen, falls sie sich nicht wunschgemäß verhalten, dann erreichen wir damit in vielen Fällen unser Ziel. Die Kinder tun, was wir von ihnen verlangen und wir setzen uns erfolgreich mit unseren Forderungen auch gegen den kindlichen Widerstand durch. Wenn das geschieht, haben wir allerdings weniger Grund zur Zufriedenheit, als uns im ersten Augenblick oft bewusst sein mag.

Die meisten Eltern wissen nämlich nicht, welcher Preis bei einem solchen „Erfolg“ anfällt. Der Psychologe Thomas Gordon warnt sehr eindringlich und überzeugend vor den Folgen elterlicher Machtanwendung in Form von Belohnung und Bestrafung. Auch wenn diese Mechanismen sich in vielen Fällen als wirkungsvoll erweisen, sollte man davon nur sehr selten Gebrauch machen. Der Grund dafür sind ihre „Nebenwirkungen“.

Wenden wir uns zunächst der Belohnung zu: Was könnte schlecht daran sein, Ihrem Kind eine Belohnung in Aussicht zu stellen, wenn es sich erwartungsgemäß verhält? Hier gibt es vor allem drei Gefahren:

1. Es besteht die Gefahr, dass Ihr Kind das gewünschte Verhalten in Zukunft immer mit der Belohnung verbindet und auch später nur zu diesem Verhalten bereit ist, wenn es dafür belohnt wird. Kinder werden auf diese Weise geradezu belohnungssüchtig, und die Frage „Und was bekomm ich dafür?“ kommt ihnen selbstverständlich bei jeder Kleinigkeit über die Lippen.
2. Weiterhin wissen wir aus der Motivationsforschung, dass Belohnung intrinsische Motivation zerstört. Das bedeutet: Das Kind wird am Ende die Dinge nicht deshalb tun, weil sie sinnvoll oder vielleicht sogar freudvoll sind, sondern es tut sie nur um der Belohnung willen. Auf diese Weise wird es keine Eigenverantwortung lernen. Ihr Kind könnte beispielsweise die Erfahrung machen, dass es sogar Spaß bereitet, jeden Tag diszipliniert einige wenige Vokabeln zu lernen; es könnte erfahren, wie gut es sich anfühlt, wenn man diszipliniert an einer Sache dranbleibt und schließlich Erfolg damit hat. Würden Sie es aber für das Arbeiten belohnen, würde es nur Vokabeln lernen, um die Belohnung zu erhalten. Wann immer Sie Ihr Kind belohnen, erschweren Sie damit die Entwicklung dieses Kindes zu Selbstverantwortung und Eigenständigkeit.

3. Ganz sicher dürfen Sie sich darauf verlassen, dass Ihnen eines Tages die Möglichkeiten zur Belohnung oder auch zur Bestrafung allmählich ausgehen werden. Zu Beginn ihres Lebens sind unsere Kinder noch uneingeschränkt abhängig von uns. Wir haben zu diesem Zeitpunkt die vollständige Kontrolle über sie. Wir bestimmen, wann sie essen oder schlafen dürfen, was sie zum Spielen bekommen u. Ä. Mit der Zeit jedoch verlieren wir nach und nach unsere Macht. Die Kinder gewinnen dann zunehmend immer mehr Kontrolle über ihr Leben. Wenn Sie beispielsweise einem vierjährigen Kind zur Belohnung einen Besuch auf dem Rummelplatz versprechen, kann die Aussicht darauf das Kind sehr gefügig machen, und es wird tun, was Sie von ihm verlangen. Wenn Sie aber einem vierzehnjährigen Jugendlichen zur Belohnung dasselbe versprechen, wird diese Belohnung kaum noch eine Wirkkraft besitzen; denn mit vierzehn Jahren ist man in der Lage, einen Rummelplatz zu besuchen, wann immer es einem gefällt. Man benötigt dazu keine Eltern mehr, es macht sogar mehr Spaß, wenn man mit Freunden dorthin geht und die Eltern zuhause lässt. Praktisch bedeutet das, dass Sie irgendwann mit Belohnungen nicht mehr weiter kommen. Wenn das Kind älter wird, haben Sie immer weniger Möglichkeiten, sein Verhalten mittels Belohnungen (oder Bestrafung) zu steuern. Dies ist eine Macht, die uns Eltern natürlicherweise mit der Zeit abhanden kommt. Wenn wir es gewohnt sind, uns auf diese Mechanismen zu verlassen, dann stehen wir irgendwann mit leeren Händen da. Es wäre gut, wir würden uns beizeiten um andere Einflussmöglichkeiten bemühen, wie beispielsweise unsere Überzeugungskraft oder unsere Vorbildfunktion.

Sie sehen also, wie sehr das Instrument der Belohnung mit Nachteilen behaftet ist. Das Gleiche gilt für den Mechanismus der Bestrafung, dort sogar in noch höherem Maße. Wenn wir Kinder durch Strafen dazu erziehen, sich wunschgemäß zu verhalten, kann vielerlei passieren:

1. Das Kind wird Ihnen mit einer gewissen Wahrscheinlichkeit den Kampf ansagen. Vielleicht schaltet es auf stur unter dem Motto „Jetzt erst recht nicht!" und lässt Sie auflaufen, vielleicht bestraft es Sie, indem es Ihnen das Leben so schwer wie möglich macht, vielleicht sinnt es auf Rache und wartet geduldig den richtigen Zeitpunkt ab, vielleicht verbündet es sich auch mit anderen Familienmitgliedern und macht Ihnen damit Ihre Erziehungsaufgabe schwerer. Vielleicht beugt es sich jahrelang Ihren Wünschen und passt sich äußerlich an, um dann bei erster Gelegenheit auszuziehen und exzessiv all die Dinge zu tun, die Sie ihm jahrelang untersagt haben. Es gibt viele Möglichkeiten für ein Kind, das innerlich aufbegehrt, seinen Gefühlen Ausdruck zu verleihen.
2. Andere Kinder geben nach und passen sich vollständig an. Sie unterwerfen sich und geben sich damit in gewissem Sinne selbst auf. Die Gefahr besteht, dass sie im Laufe der Jahre den Kontakt zu sich selbst verlieren und dann gar nicht mehr mit Gewissheit sagen können, was sie brauchen, was ihnen gut tut oder was ihnen fehlt. Sie sind einfach gewöhnt daran, dass die Eltern diese Dinge bestimmen. Diese Menschen brauchen dann manchmal sogar ein Leben lang jemanden, der sie führt. Ihr Selbstwertgefühl ist nur schwach ausgeprägt, sie verhalten sich immer abwartend und sind über die Maßen abhängig von dem Urteil anderer. Und sie haben ständig Angst, etwas falsch zu machen. Ein Kind, das sich unterwirft, ist äußerlich ein liebes Kind, das keine Schwierigkeiten macht und als unproblematisch gilt; und innerlich ein Mensch, der verkrüppelt.
3. Manche Kinder suchen nach Mitteln und Wegen, um der elterlichen Macht zu entgehen. Sie entziehen sich ihren Eltern und ergreifen die Flucht, physisch oder psychisch. Ein Kind, das sich physisch entzieht, wird sich vielleicht in sein Zimmer zurückziehen, wird vielleicht versuchen, so viel Zeit wie möglich außerhalb der elterlichen Wohnung zu verbringen oder im Extremfall sogar weglaufen. Ein Kind, das psychisch die Flucht antritt, wird vielleicht

in seiner Phantasiewelt leben, in der alles nach seinen eigenen Wünschen und Regeln abläuft. Möglicherweise wird es Drogen nehmen, sich ganz in sich selbst zurückziehen und den Kontakt verweigern, in die Musik flüchten oder sogar psychisch krank werden. In sehr vielen Fällen fangen Kinder auch an zu lügen, um eventuellen Strafen zu entgehen. Auch das lässt sich verstehen als eine Strategie, den elterlichen Erziehungsmaßnahmen zu entkommen.

4. Eltern, die ihre Kinder oft bestrafen, verlieren häufig mit der Zeit jeglichen Einfluss auf ihr Kind. Denn irgendwann wendet sich das betreffende Kind innerlich von seinen Eltern ab. Dann können die Eltern erzählen, was sie wollen, sie prallen damit beim Kind ab. Sogar wenn sie die besseren Argumente haben sollten, wird ihr Kind nicht auf sie hören wollen. Sie haben ganz einfach bei ihm verspielt.

Wir dürfen in jedem Fall davon ausgehen, dass die Anwendung einer Strafe die Eltern-Kind-Beziehung im höchsten Maße belastet. Sie hat einen trennenden, keinen verbindenden Einfluss. Sie entfremdet Eltern und Kinder voneinander und erzeugt mitunter neue Probleme, die zwar nicht immer sofort erkennbar werden, aber gleichwohl das Leben schwieriger machen. In vielen Fällen übersteigen die mit der Strafe verbundenen Nachteile bei weitem ihren Nutzen. Denn Strafe hat den Charakter von Vergeltung. Und Vergeltung macht im allgemeinen einen Menschen nicht besser, höchstens vorsichtiger.

Trotzdem gehört die Bestrafung in den meisten Kulturen selbstverständlich zur Erziehung dazu. Wie *Die Zeit* am 22. August 2002 in einer kurzen Notiz berichtete, halten in Deutschland 60 % aller Eltern eine „leichte Ohrfeige“ oder einen „kleinen Klaps“ für völlig in Ordnung. Sogar Gewalt als Strafe scheint also akzeptiert zu sein. Das ist nicht nur ethisch fragwürdig; es scheint mir auch aus logischen Gründen mehr als bedenklich zu sein, wenn man sich anschaut, welche Nachteile mit der Bestrafung von Kindern verknüpft sind.

Ich selbst bestrafe meine Kinder niemals. Als ich vor über 18 Jahren zum ersten Mal Mutter wurde, kannte ich nur wenige Möglichkeiten, ein Kind zu disziplinieren. So kam es, dass meine älteste Tochter noch hin und wieder einen „kleinen Klaps" erhielt. Ich empfand diese Erziehungsmaßnahme jedoch als im höchsten Maße unwürdig für beide Seiten und lernte deshalb, Alternativen zu entwickeln. Heute discipliniere ich meine vier Kinder hauptsächlich durch die Kraft der Überzeugung und komme schon seit vielen Jahren vollständig ohne Belohnung und Bestrafung aus. Ganz besonders das Instrument der Strafe lehne ich rundweg ab. Ich bin der tiefen Überzeugung, dass es grundsätzlich mehr schadet als nutzt.

Es mag jedoch durchaus Fälle geben, in denen die Anwendung von Belohnung gerechtfertigt ist.

Karola muss mit ihrer kleinen Tochter zum Impfen. Die Tochter weiß, dass sie eine Spritze erhalten wird und hat Angst. Als es Zeit wird, zum Kinderarzt zu gehen, versteckt sie sich vor Karola hinter der Couch im Wohnzimmer. Karola wird klar, wie schwierig es werden kann, ihr Kind zum Arzt zu bringen. Sie sagt nach kurzer Überlegung: „Ist gut, Schatz, ich kann verstehen, dass du Angst hast. Aber ich verspreche dir zwei Sachen: Die Spritze tut nicht so weh, wie du dir das jetzt vorstellst. Sie tut nur ein bisschen weh. Sie tut lange nicht so weh wie dein Knie, als du gestern hingefallen bist, oder wie dein Finger, den du dir neulich in der Tür geklemmt hast. Und außerdem verspreche ich dir, dass wir hinterher auf den Spielplatz gehen, wenn du jetzt mitkommst und dir die Spritze geben lässt. Und auf dem Spielplatz schubs ich dich so lange auf der Schaukel an, wie du magst."

Karolas Tochter geht hauptsächlich deswegen mit ihrer Mutter zum Arzt, weil sie die Vorstellung des Spielplatzbesuches so verlockend findet. Da kann sie einfach nicht widerstehen, und das weiß Karola. Sie hat also hier ein Machtinstrument, mit dem sie das Kind dazu bringt etwas zu tun, das das Kind eigentlich nicht tun will. In diesem Fall scheint mir die Anwendung von Belohnung gerechtfertigt. Denn die Mutter ist unter Zeitdruck und dadurch von vornherein in ihren Möglichkeiten eingeschränkt. Zudem hat die sehr junge Tochter höchstwahrscheinlich noch keine ausreichenden Bewältigungsmechanismen gelernt, um mit Angst umzugehen. Wenn sie aber jetzt lernt, dass sie eine Angst erzeugende Situation bewältigt, indem sie sich ihr einfach stellt, dann wird sie Stolz und Erleichterung empfinden und sie ist vielleicht bei der nächsten Spritze, die sie bekommen soll, nicht mehr auf Belohnung angewiesen. Hier hätten wir also ein Beispiel für eine sinnvolle Anwendung von Belohnung, wo die Vorteile dieser Methode gegenüber den möglichen Nachteilen überwiegen.

Aber für die Anwendung von Strafen kann ich keine berechtigten Gründe entdecken. Statt Kinder zu strafen, scheint es mir sinnvoller, Wiedergutmachung von ihnen zu verlangen.

Der zwölfjährige Moritz hat sich trotz eines entsprechenden Verbotes an der neuen Digitalkamera seiner Eltern zu schaffen gemacht, und dabei ist sie ihm heruntergefallen. Die Reparatur kostet 75,00 €. Seine Eltern verlangen, dass Moritz einen Teil seiner Ersparnisse opfert und sich an den Kosten der Reparatur mit 20,00 € beteiligt. Moritz sieht in dieser Forderung seiner Eltern eine harte Strafe, da er die Kamera ja nicht absichtlich habe fallen lassen. Er hatte vor, sich mit dem Geld einen Wunsch zu erfüllen, und muss nun erst einmal wieder eine Weile sparen. Es fällt ihm schwer, den Kauf aufzuschieben. Die Eltern hingegen betrachten diese 20,00 € als eine zurecht geforderte Wiedergutmachung und bestehen darauf.

Natürlich wird die Eltern-Kind-Beziehung durch die Forderung der Eltern belastet. Moritz ist jetzt wirklich sauer auf seine Eltern. Er muss sich vorläufig die Befriedigung eines Bedürfnisses versagen, weil er nun nicht genug Geld hat, um sich das zu kaufen, was er haben will. Andererseits ist die Reaktion der Eltern gut nachzuvollziehen: Moritz hat bewusst ein Verbot übertreten und dabei einen Sachschaden verursacht. Mit seinen zwölf Jahren dürfen sie ihm zumuten, die Verantwortung für diese Handlungsweise zu übernehmen. Sie nehmen darum bewusst seinen Ärger auf sie in Kauf und hoffen, dass er aus dieser Geschichte etwas für die Zukunft lernt.

Wiedergutmachung zu fordern ist sicher nicht immer eine unproblematische Strategie, um Kinder zu Disziplin und Verantwortungsbewusstsein zu erziehen. Wiedergutmachung kann für Kinder unangenehm sein. Aber sie hat den Vorteil, dass das betreffende Kind einen logischen und unmittelbaren Zusammenhang zwischen seinem Fehlverhalten und den Folgen, die ihm daraus entstehen, sehen kann. Kinder haben ein feines Gespür für Gerechtigkeit und können die Forderung nach Wiedergutmachung sehr viel leichter akzeptieren als eine Strafe. Und sie lernen auf diese Weise, die Verantwortung für ihr Handeln zu übernehmen; denn indem sie den Schaden, den sie angerichtet haben, selbst wieder gutmachen, lernen sie, für ihr Tun gerade zu stehen. Zudem wird durch eine Wiedergutmachung das Beziehungskonto wieder ausgeglichen. Die Angelegenheit ist dann vom Tisch. Es bleibt kein Groll zurück, weil beide Seiten das Geschehen als fair wahrnehmen.

Das kann bei einer Bestrafung hingegen ganz anders sein. Hier bleiben sehr oft schlechte Gefühle zurück. Hermann Hesse beschreibt in seiner Erzählung „Kinderseele“, wie sich der Sohn eines kleinen Vergehens schuldig macht (er stiehlt dem Vater ein paar Feigen aus dessen Kommode) und vom Vater dafür bestraft wird. Der Sohn fühlt sich durch die väterliche Reaktion gedemütigt und unverstanden. Die Geschichte endet mit den Worten des Sohnes, der nach der Bestrafung feststellt: „Als ich im Bette lag, hatte ich die Gewissheit, dass er mir ganz und vollkommen verziehen habe – vollkommener als ich ihm.“

Ein Hoch auf die Disziplinlosigkeit

Wie bei allen anderen Tugenden müssen wir auch bei der Sekundärtugend „Disziplin" darauf achten, Einseitigkeit zu vermeiden. Denn was würde passieren, wenn ein Mensch zu hundert Prozent diszipliniert wäre? Ein solcher Mensch würde seine Ziele setzen und dann stur den Weg dorthin verfolgen. Er würde weder nach rechts noch nach links schauen und hätte nur sein Ziel im Kopf. Weil er darauf fixiert ist, könnte er keine Gelegenheiten wahrnehmen, die sich ihm unvermittelt bieten. Vielleicht wäre er nicht einmal im Stande, eine nötige Kurskorrektur vorzunehmen, weil er sich nicht erlauben würde, vom einmal eingeschlagenen Weg abzuweichen. Er käme bei allen Situationen, die eine Ausnahme erfordern, in Bedrängnis. Er hätte bald einen Ausdruck von Verbissenheit im Gesicht. Vermutlich wäre er auch unfähig, die kleinen Freuden des Alltags, die sich manchmal überraschend ergeben, wahrzunehmen und zu genießen. Wahrscheinlich hätte er zudem keinen Blick für unerwartete Chancen. Es würde ihm schwer fallen, sich zu entspannen, weil er stets darauf bedacht wäre, sein Ziel zu erreichen. Er könnte nicht ausreichend auf die Bedürfnisse seines Körpers achten, weil er nur daran dächte, an sein Ziel zu kommen. Er würde rücksichtslos den einmal eingeschlagenen Weg verfolgen, auch wenn sich plötzlich herausstellen sollte, dass er damit andere schädigt oder verletzt. Er wäre in jeder Hinsicht unflexibel.

Einseitig gelebte Disziplin gerät also zur Sturheit, ja sogar zur Zwanghaftigkeit, die den Menschen blind und taub macht für alles, was nicht mit seinem Ziel zu tun hat. Zu viel Disziplin ist schlecht für die Lebensfreude. Zu viel Disziplin kann aus einem Menschen einen Automaten machen. Ein Zu-viel an Disziplin kann einen Menschen sogar töten.

Disziplin braucht in unserem Leben also einen Gegenpol: die Disziplinlosigkeit. In diesem Buch ging es mir darum, Eltern zu zeigen, warum es wichtig ist, gegen allzu viel Disziplinlosigkeit anzugehen und wie man es anstellt, Kindern Disziplin beizubringen. Im Folgenden möchte ich eine Lanze brechen für die Disziplinlosigkeit, denn jede einseitig gelebte Tugend gerät sehr schnell zur Untugend.

Disziplinlosigkeit kann etwas Wunderbares sein. Es fühlt sich manchmal an, als würde man sich von einem Korsett befreien, das einen eingeschnürt und beim Atmen behindert hat. Denken Sie nur daran, wie es ist, eine anstrengende Arbeit, zu der man sich zwingen muss, einfach mal abzubrechen und sich den Rest des Tages frei zu nehmen für etwas, worauf man Lust hat: einen entspannten Spaziergang durch die duftenden Felder und Wiesen vielleicht, einen faulen Nachmittag im Garten, einen fröhlichen Plausch mit Freunden, ein genussvolles Essen, ein langes wohlig warmes Bad und einen dicken Schmöker ... Gerade wenn man sich über längere Zeit tapfer diszipliniert hat, kommen einem derartige Genüsse manchmal vor, als würde man nach einem langen Winter plötzlich wieder die Sonne sehen und könnte den Frühling riechen.

Wenn wir uns disziplinieren, arbeiten wir damit meistens gegen einen inneren Widerstand. Manchmal verschwindet dieser Widerstand nach kurzer Zeit, und wir erleben Freude an dem, was wir tun.

Meine Arbeit an diesem Buch ist ein Beispiel dafür. Jeden Morgen, wenn ich mich an mein Manuskript setze, höre ich eine innere Stimme, die verlangt, ich solle doch lieber etwas weniger Anstrengendes tun, als ein ganzes Buch zu schreiben. Wenn ich dann aber erst einmal angefangen habe zu schreiben, verstummt diese Stimme. Denn das Schreiben macht Spaß, und ich liebe es, Gedanken zu entwickeln und zu formulieren. Aber es ist natürlich anstrengend, und vor dieser Anstrengung will mich meine innere Stimme warnen. Sobald ich mit dem Schreiben begonnen habe, überwiegt die Freude gegenüber der Anstrengung. Dann läuft es gut. Wenn ich aber zu lange an meinem Schreibtisch sitzen bleibe und konzentriert arbeite, kehren sich die Verhältnisse um: Es verringert sich die Freude und die Anstrengung wird größer. Plötzlich merke ich, dass ich mich immer schwerer tue, die richtigen Formulierungen zu finden oder einen Gedanken konsequent weiter zu verfolgen. Das ist dann der Moment für mich, eine längere Pause einzulegen, um mich zu erholen.

In nicht wenigen Fällen verschwindet aber der innere Widerstand beim Tun nicht, sondern hält während der gesamten Tätigkeit beinahe unverändert an. In diesen Fällen braucht man eine Unmenge Disziplin, um an der Sache dranzubleiben. Als Trainerin für berufliche Kommunikation habe ich sehr viel mit Menschen aus allen möglichen Berufen und Organisationen zu tun und bin oft sehr betroffen darüber, wie viele Menschen sich jeden Tag aufs Neue mit ihrer beruflichen Tätigkeit abquälen müssen, weil sie einen Beruf ausüben, der ihnen keine Freude bereitet. Sie arbeiten nur, weil sie Geld verdienen müssen, und können sich über das, was sie tun, nicht freuen. Ihre Tätigkeit befriedigt sie nicht, sondern langweilt sie und ödet sie an. In solchen Fällen muss eine ungeheure Menge an Energie aufgebracht werden, um die Arbeit diszipliniert zu tun. Wir sollten dauerhafte Widerstände wie diese sehr ernst nehmen. Selbstverständlich wäre es langfristig das Beste, diese Menschen würden sich eine andere Arbeit suchen, obwohl das in Zeiten zunehmender Arbeitslosigkeit oft leichter gesagt als getan sein dürfte. Aber wenn sie bei der Arbeit bleiben, die nicht zu ihren Bedürfnissen passt, verschleißen sie sich, weil sie ständig gegen ihre inneren Widerstände angehen müssen. Und sie haben keine Freude. Das macht sie nicht nur unglücklich, sondern oft auch krank. Denn Überlastung und Unzufriedenheit können das Immunsystem eines Menschen sehr schwächen.

Die tägliche Unlust, die wir beim Ausüben einer ungeliebten Tätigkeit empfinden, hat natürlich auf jeden Fall ihren Sinn. Weist sie uns doch in aller Deutlichkeit darauf hin, dass wir etwas tun, das unseren Bedürfnissen nicht entspricht. Und diesen Hinweis sollten wir immer sehr ernst nehmen, statt uns darüber hinwegzusetzen und weiter in blinder Disziplin den scheinbar unabänderlichen Anforderungen der Situation Genüge zu tun.

Der Impuls zur Disziplinlosigkeit kann also ein wertvolles Signal sein, dass wir im Begriff sind, an unseren Bedürfnissen vorbeizuleben. Er hat meistens eine Botschaft, die wir nicht überhören sollten: Er gibt uns nämlich Auskunft darüber, was wir jetzt, in diesem Augenblick, am liebsten hätten und am meisten bräuchten. Er gibt uns Auskunft über uns selbst. Wenn wir seine Botschaften gewohnheitsmäßig überhören, kann es sein, dass wir unser Leben nicht im Einklang mit unserer Persönlichkeit gestalten. Wir leben dann nur, was scheinbar vernünftig ist oder was andere von uns erwarten, aber nicht das Leben, das uns entspricht. Die Neigung zur Disziplinlosigkeit enthält immer eine Information über uns selbst und unsere Bedürfnisse. Ignorieren wir diese Information, dann ist das, als würde eine Alarmanlage läuten und wir stellen sie ab, ohne nachzusehen, was los ist. Mag sein, es handelt sich nur um einen Fehlalarm, aber vielleicht ist die Sache doch ernster.

Die Natur hat den Menschen so geschaffen, dass er sein Glück im Handeln, nicht im Liegestuhl findet. Kinder wollen sich beschäftigen, es entspricht ihrer Natur, sich anzustrengen und etwas zu leisten. Darum hat es eine Bedeutung, wenn sie sich konstant wehren, eine bestimmte Handlung auszuführen. Wenn wir unsere Kinder disziplinieren, kann es nicht darum gehen, ihnen Gewalt anzutun oder sie zu lehren, wie sie hart gegen sich selbst werden. Es kann nur darum gehen, dass wir sie lehren, auch längerfristige Ziele zu erreichen und vorübergehende Unlustgefühle zu überwinden. Ein Kind, das in einer bestimmten Angelegenheit permanent disziplinlos ist, braucht auf jeden Fall unsere Unterstützung. Seine Disziplinlosigkeit ist ein Signal für uns, tätig zu werden. Sie sollte uns dazu veranlassen, genauer hinzuschauen: Fehlen dem Kind Mechanismen zur Selbstkontrolle? Stimmt das Ziel überhaupt? Disziplinlosigkeit ist nicht einfach Faulheit oder ein Indiz für einen schlechten Charakter.

Die sechsjährige Marie lässt sich abends nur mit Mühe ins Bett bringen. Sie trödelt herum, vergisst, sich das Gesicht zu waschen oder die Zähne zu putzen, kommt mit allerlei phantasievollen Begründungen mehrmals aus ihrem Bett heraus und stellt damit Abend für Abend die Geduld der Eltern auf eine harte Probe. Die Mutter fährt sie eines Abends an: „Jetzt verschwinde ins Bad und tu endlich, was ich sage! Das kann doch wohl nicht wahr sein, dass du hier immer noch herumtrödelst! Du brauchst jetzt schon zwanzig Minuten, bloß um dir den Schlafanzug anzuziehen. Träum nicht, mach dich endlich fertig!“

Die Mutter betrachtet das Trödeln der Tochter als deren Unvermögen, sich diszipliniert einem Ziel zuzuwenden, nämlich dem Fertigmachen zum Schlafengehen. Sie glaubt, die Tochter sei unfähig, sich auf das Ziel zu konzentrieren und dann einfach zu tun, was nötig ist.

Die besuchsweise anwesende Schwester der Mutter sieht sich das Geschehen an und fragt dann: „Hast du schon mal daran gedacht, dich mit der Disziplinlosigkeit von Marie zu verbünden?“ Die Mutter ist über diese Frage ihrer Schwester verblüfft und kann zunächst nichts damit anfangen. Sie bittet um eine Erklärung, und ihre Schwester meint: „Nun, vielleicht will Marie dir mit ihrer Trödelei etwas sagen. Wenn du diese Botschaft verstehst und darauf eingehst, braucht sie vielleicht nicht mehr trödeln.“

Die Mutter überlegt, ob in der Disziplinlosigkeit ihrer Tochter eine Botschaft stecken könnte. Ihr fällt nicht viel dazu ein, sie könnte sich höchstens vorstellen, dass Marie Aufmerksamkeit möchte und aus diesem Grund versucht, den Zeitpunkt des Schlafengehens hinauszuzögern. Und sie überlegt, was sie tun könnte, damit Marie nicht mehr trödeln muss, um Aufmerksamkeit zu erhalten. Sie beschließt, Marie gezielt eine andere Art von Aufmerksamkeit zu schenken, als sie ständig zu kritisieren und sie zur Eile zu ermahnen. Sie fasst den Entschluss, Rituale für das Zubettgehen zu entwickeln: Sie plant, von nun an abends ein wenig in Maries Zimmer aufzuräumen, während diese sich ihren Schlafanzug anzieht, und dabei mit ihr zu plaudern. Später, wenn Marie im Bett liegt, will sie ihr etwas vorlesen. Tatsächlich verlaufen die Abende von nun an besser. Marie ist schneller bettfertig und kommt auch viel seltener wieder aus ihrem Bett heraus.

Manchmal ist das genau die richtige Strategie: sich mit der Disziplinlosigkeit verbünden. Denn Disziplinlosigkeit entsteht, wenn Sollen und Wollen nicht im Einklang miteinander stehen. Wenn sich der innere Widerstand immer noch meldet, teilt er uns damit etwas Wichtiges über unsere Bedürfnisse mit. Er hilft uns beispielsweise, auf sinnvolle Grenzen zu achten, uns nicht zu überfordern, er sagt uns, welche Grundbedürfnisse wir gerade nicht befriedigen. Insofern ist er uns eine wertvolle Hilfe zur Orientierung. Und wenn ein Kind nur mit äußerster Disziplin ein bestimmtes Ziel zu erreichen imstande ist, dann müssen wir darüber nachdenken, ob dieses Ziel für dieses Kind wirklich das Richtige ist. Natürlich müssen unsere Kinder lernen, sich zu kontrollieren und auch gegen ihre Unlustgefühle zu handeln. Denn sonst wären sie nicht überlebensfähig. Aber wenn sie sich als disziplinlos erweisen, können wir diese Disziplinlosigkeit nutzen, um etwas über unsere Kinder zu erfahren und unsere Ziele zu überdenken.

Daneben tut es uns allen, auch unseren Kindern gut, Inseln der Disziplinlosigkeit im Alltag zu schaffen. Es muss Räume für uns alle geben, in denen wir die Seele baumeln lassen können. Kinder brauchen Zeit, um zu träumen, gedankenverloren in der Nase zu bohren, sich zu langweilen, ein wenig herumzuhängen, sich dem süßen Nichtstun hinzugeben. Dafür muss Zeit sein, und wir dürfen ihnen derartige Untätigkeit nicht zum Vorwurf machen oder gar versuchen, durch wunderbare Beschäftigungsangebote diese Zeit anderweitig „sinnvoll" zu nutzen. Musikunterricht, Turnverein, Ausdruckstanz, Theatergruppe, Malkurs, ein Geschichtsworkshop oder ein Kurs über kreatives Schreiben besitzen alle ihre Berechtigung; sie sind aber nicht so wichtig wie die Gelegenheit, zu träumen und sich ganz den eigenen Gedanken und Impulsen zu überlassen. Kinder brauchen diese Freiräume (und wir Erwachsenen ebenso, nur dass wir dieses Bedürfnis manchmal nicht mehr spüren, weil wir uns so sehr daran gewöhnt haben, diszipliniert zu funktionieren).

Und es muss Ausnahmesituationen geben, in denen man sich einmal hemmungslos den Dingen hingeben darf, die man sich sonst aus Vernunftgründen verbietet.

Eine Bekannte von mir erlaubt ihren Kindern, einmal die Woche so viel Süßes zu essen, wie sie mögen. Während der Woche ernährt sich die Familie vollwertig, aber am Samstag gibt es all die Dinge, die sich die Kinder sonst versagen müssen. Und tatsächlich fällt es den Kindern leichter, unter der Woche auf ungesunde Genüsse zu verzichten, weil sie wissen, dass die Zeit dafür ganz sicher kommen wird.

Alles, wonach unsere innere Stimme manchmal verlangt, hat Bedeutung für das innere Gleichgewicht eines Menschen. Für alles sollte es eine Zeit geben: eine Zeit sich zusammenzureißen und eine Zeit sich gehen zu lassen, eine Zeit zu arbeiten und eine Zeit faul zu sein, eine Zeit sich zu disziplinieren und eine Zeit zu tun, wonach einem gerade der Sinn steht. Es wäre gut, wenn wir unsere Kinder lehren könnten, diese Dinge ins Gleichgewicht zu bringen. Denn Balance ist es, worum es geht. Die Fähigkeit, bewusst Balance herzustellen, wird unseren Kindern ein erfülltes Leben ermöglichen. Wenn sie es nicht lernen, sich zu zügeln und zu kontrollieren, dann werden sie unfähig sein, langfristige Ziele zu erreichen. Sie sind dann Spielball ihrer Triebe. Das ist eines Menschen unwürdig und schadet ihm. Wenn unsere Kinder sich aber ständig kontrollieren, schaden sie sich ebenso, weil sie dann keine Erfüllung finden werden. Erst wenn sie in der Lage sind, in der jeweiligen Situation zwischen beiden Alternativen zu wählen, sind sie frei, ihr Leben auf die ihnen gemäße Art zu gestalten.

Disziplinlosigkeit kann etwas Wunderbares sein, wenn man sich dazu entschieden hat!

Danksagung

Ich bedanke mich bei folgenden Menschen für ihre Offenheit und für die Zeit, die sie mir geschenkt haben:

Elke Haase, Stefan Gaubatz, Heidrun von Leitner und Hans van der Velden.

Mein besonderer Dank gilt meinen Töchtern Lisa, Anne, Sophie und Helen, die mir so manche Lektion erteilt haben und ohne die das vorliegende Buch nie entstanden wäre.

Literatur

Carnegie, Dale: Freu dich des Lebens! München 2002.
Covey, Stephen: Die sieben Wege zur Effektivität. Frankfurt 1996.
Dreikurs, Rudolf: Kinder fordern uns heraus. Stuttgart 1983.
Furian, Martin: Liebeserziehung. Wiesbaden 1999.
Goleman, Daniel: EQ. Emotionale Intelligenz. Wien 1996.
Gordon, Thomas: Familienkonferenz. Die Lösung von Konflikten zwischen Eltern und Kind. München 1989.
Hargens, Jürgen und Eberling, Wolfgang: Einfach kurz und gut. Dortmund 2000.
Hesse, Hermann: Kinderseele. Frankfurt 1983.
Kahl, Ernst und Kuhlbrodt, Jan: platon und die spülmaschine. Leipzig 2002.
Khalil Gibran: Der Prophet. Düsseldorf 1997.
Klein, Stefan: Die Glücks-Formel. Reinbek 2002.
Kopp, Sheldon B.: Triffst du Buddha unterwegs. Hamburg 1982.
Lechleitner, Norbert: Balsam für die Seele. Freiburg 2000.
Lemper-Pychlau, Marion und Weisser, Maria: Erziehen mit Gefühl. Freiburg 2002.
Lindgren, Astrid: Steine auf dem Küchenbord. Hamburg 2000.
Miller, Alice: Am Anfang war Erziehung. Frankfurt 1980.
Morris, Tom: Aristoteles auf dem Chefsessel. Landsberg 1997.
von Münchhausen, Marco: So zähmen Sie Ihren inneren Schweinehund. Frankfurt 2002.
Richter, Horst-Eberhard: Umgang mit Angst. München 2000.
Rogge, Jan-Uwe: Kinder brauchen Grenzen. Reinbek 1993.
Schulz von Thun, Friedemann: Miteinander reden 2. Reinbek 1995.
Sprenger, Reinhard: 30 Minuten für mehr Motivation. Offenbach 2002.
Weber-Kellermann, Ingeborg: Die Kindheit. Frankfurt 1989.

Was Kinder brauchen

Patricia H. Berne/Louis M. Savary
Kinder brauchen Selbstvertrauen
Tipps und Ratschläge für Eltern
Band 5138

Mit Selbstvertrauen lassen sich die vielen Aufgaben des Lebens meistern. Wie man Kinder oft mit „Kleinigkeiten" unterstützen kann.

Rudolf Dreikurs/Loren Grey
Kinder lernen aus den Folgen
Wie man sich Schimpfen und Strafen sparen kann
Band 4884

Konsequentes und vernünftiges Handeln von Seiten der Eltern verhilft Kindern frühzeitig dazu, eigenständige Erfahrungen zu sammeln und mit der Freiheit richtig umzugehen.

Werner Haas
Eltern, setzt euch durch!
Keine unnötigen Machtkämpfe mehr
Band 5119

Wie gewinnen Eltern positive Autorität und Kinder innere Klarheit? Ein praktischer Ratgeber, der Eltern zeigt, wie sie sich durchsetzen.

Gudrun Hennig
Kindern Geborgenheit geben
Was Eltern tun können
Band 5108

Die Kinderärztin und Therapeutin zeigt, wie Eltern die richtige Mitte zwischen Behüten und Fordern finden und ein gutes Umfeld schaffen.

Klaus Hurrelmann/Gerlinde Unverzagt
Kinder stark machen für das Leben
Herzenswärme, Freiräume, klare Regeln
Band 4937

Das „magische Dreieck", das Eltern hilft, innere Stärke und Selbstständigkeit wiederzugeben.

Gertrud Kaufmann-Huber
Kinder brauchen Rituale
Ein Leitfaden
Band 4936
Rituale sind wichtig für die kindliche Entwicklung, aber die richtigen müssen es sein. Sie vermitteln Sicherheit, Gemeinschaft und Geborgenheit.

Monika Niederle
Kinderängste verstehen
Eltern geben Mut und Sicherheit
Band 4821
Trennungsängste, Verlassenheitsängste, Versagensängste: Eine konsequente Erziehung ist der beste Schutz davor.

Gisela Preuschoff
Eltern brauchen Grundvertrauen
Wie Ihre Zuversicht den Kindern hilft
Band 5502
Ängste um Kinder sind zwar verständlich, können aber belastend sein. Die Autorin zeigt, wie Eltern Sorgen in Segen verwandeln können.

Susanne Stöcklin-Meier
Kinder brauchen Geheimnisse
Über Zwerge, Engel und andere unsichtbare Freunde
Band 4948
Geschichten, Spielanregungen und Informationen, um Kindern Geborgenheit zu vermitteln.

Renate Zimmer
Was Kinder stark macht
Fähigkeiten entwickeln – Entwicklung fördern
Band 4976
Die Autorin zeigt, wie sich aus alltäglichen Aktivitäten mit Kindern im Vorschulalter Sinnes- und Bewegungsspiele machen lassen, die Kindern Spaß machen und weiterhelfen.